对话稻盛和夫 六

利他

［日］濑户内寂听
［日］稻盛和夫 著

喻海翔 译
曹岫云 审译

人民东方出版传媒
东方出版社

图书在版编目（CIP）数据

对话稻盛和夫.利他 /（日）濑户内寂听,（日）稻盛和夫 著；喻海翔 译.—北京：东方出版社，2013.6

ISBN 978-7-5060-6495-8

Ⅰ.①对⋯　Ⅱ.①濑⋯②稻⋯③喻⋯　Ⅲ.①企业管理—经验—日本—现代②人生哲学—通俗读物　Ⅳ.①F279.313.3②B821-49

中国版本图书馆CIP数据核字（2013）第147795号

本书中文简体字版权由上海碧日咨询事业有限公司代理

中文简体字版专有权属东方出版社

著作权合同登记号 图字：01-2013-4045号

对话稻盛和夫：利他

（DUIHUA DAOSHENGHEFU:LITA）

作　　者：［日］濑户内寂听　［日］稻盛和夫

译　　者：喻海翔

审　　译：曹岫云

责任编辑：贺　方

出　　版：东方出版社

发　　行：人民东方出版传媒有限公司

地　　址：北京市西城区北三环中路6号

邮　　编：100120

印　　刷：北京文昌阁彩色印刷责任有限公司

版　　次：2013年9月第1版

印　　数：2022年7月第 5 次印刷

印　　次：29 001-32 000册

开　　本：880毫米×1230毫米 1/32

印　　张：5.75

字　　数：96千字

书　　号：ISBN 978-7-5060-6495-8

定　　价：35.00元

发行电话：（010）85924663　85924644　85924641

稻盛和夫在胃癌手术后，于65岁（1997年）出家。照片拍摄于2005年，是正在准备化缘的稻盛和夫。在他"经营哲学"的最深处，是佛教的思想精髓。

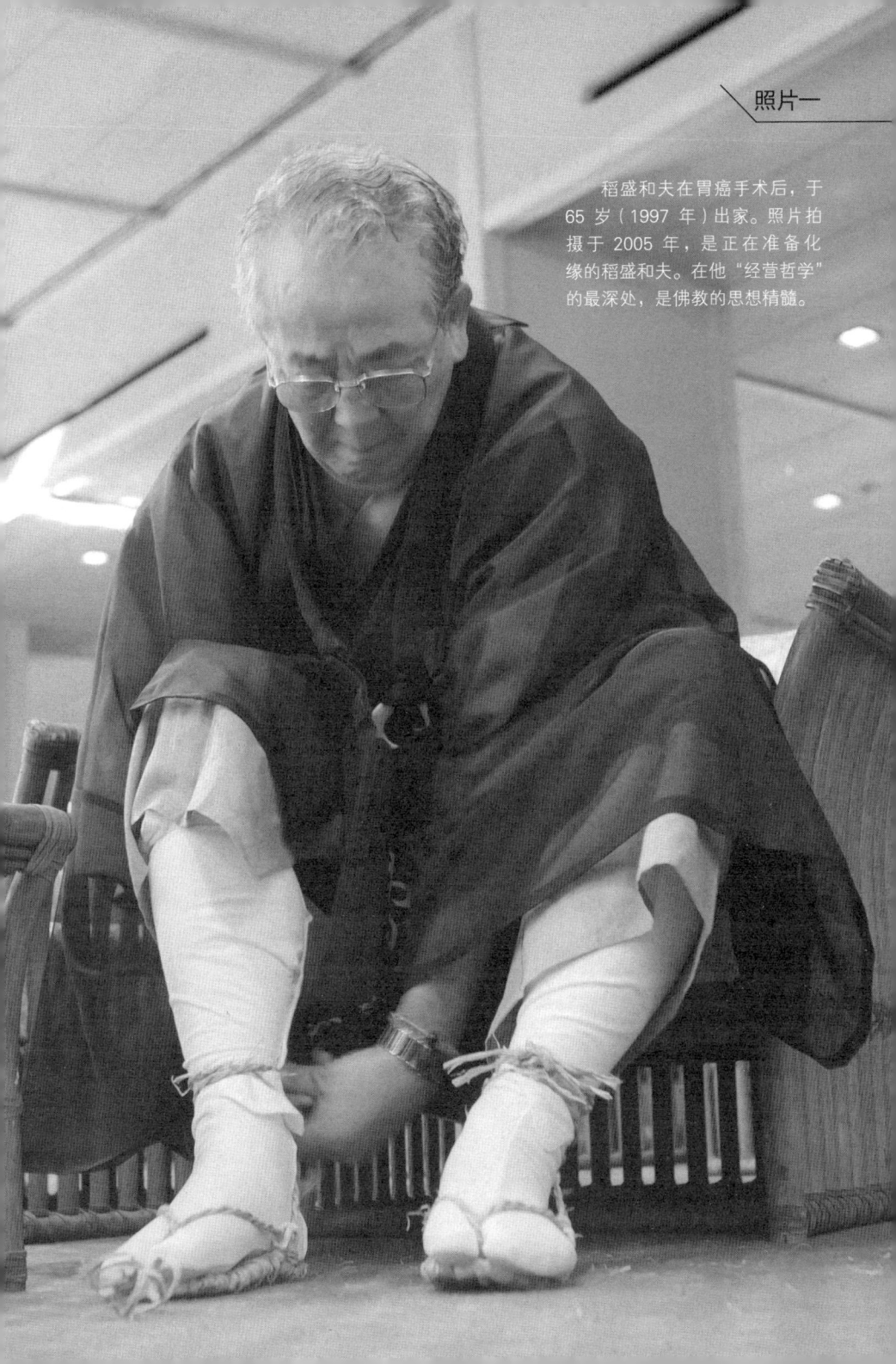

照片二

照片二

拍摄于京都嵯峨野的寂庵。她曾说，"人类只顾一味地追逐知识，却忽略了修炼智慧。我们应该以更谦虚的姿态来面对大自然。"

这是一个充满了痛苦、悲伤和矛盾的世界，我们必须通过"利他奉献"实现心灵的升华。鼓起勇气吧，就在当下！

稻盛和夫

1932 年出生于日本鹿儿岛。毕业于鹿儿岛大学工学部。1959 年创办京都陶瓷株式会社（现在的京瓷公司）。1984 年创办第二电电株式会社（现名 KDDI，是仅次于日本 NTT 的第二大通信公司）。这两家企业都进入过世界 500 强。2010 年出任日本航空株式会社会长，仅仅一年就让破产重建的日航大幅度扭亏为盈，并创造了日航历史上最高的利润。这个利润也是当年全世界航空企业中的最高利润。现任京瓷名誉会长、KDDI 最高顾问、日航名誉顾问。1983 年创办盛和塾，向企业家塾生义务传授经营哲学，现在全世界的盛和塾塾生已超过 10000 人。1984 年创立"稻盛财团"，同年设立了一个像诺贝尔奖一样的国际奖项——"京都奖"。代表著作有：《活法》《京瓷哲学：人生与经营的原点》等。

濑户内寂听

1922 年生于日本德岛。作家，僧人。1956 年凭借作品《女子大学生 · 曲爱玲》获日本新潮社同人杂志奖。1961 年的《田村俊子》获田村俊子奖。1963 年的《夏日的终焉》获女流文学奖。1973 年在日本岩手县的中尊寺剃度出家。1987 年开始就任天台寺住持（2005 年后任名誉住持）。1992 年的《问花》获谷崎润一郎奖。1996 年的《白道》获艺术选奖文部大臣奖。1998 年完成《现代语译 源氏物语》。2001 年凭借作品《场所》获野间文艺奖。2006 年获文化勋章，国际诺尼诺奖。2008 年获安吾奖。另著有：《花蕊》《美之杂音》《寂听露天说法》《秘花》《奇缘曼陀罗》《寂听让说法》《风景》《活到最后》等。

目录

第五章 "利他"的实践 /121

人为何"劳动"
——通过"利他奉献"提高心性

前言

稻盛和夫

　　我与濑户内寂听女士以出书为目的进行的对话最早始于 1999 年出版的《日本复活》(中央公论新社出版社) 一书。那一次我们会同中坊公平 (日本著名律师,曾经担任日本律师协会会长。——译者注) 先生一道在京瓷的迎宾馆展开了一番畅谈。

　　尽管我们三人从事的行业各自不同,但奇妙的是,我们全都拥有丰富的人生历练,并都拥有僧籍 (稻盛和夫于1997 年曾经在京都的临济宗妙心寺派的圆福寺短暂出家修行。中坊公平出生于僧侣家庭,按照日本习俗从父辈处继承了僧籍。——译者注),所以因缘殊胜,我们三人畅所欲言，讨论气氛热烈、意气风发。

从出家秘闻到吵架技巧，从如何面对疾病，到日本的政治、经济以及环境问题，我们围绕着各种各样的话题进行了详尽畅快的讨论。在涉猎广泛的讨论当中，位于中心地位的永远都是寂听女士，并且她的话都蕴藏着深远的意义。

之所以能够做到这一点，我认为主要原因就在于，寂听女士的观点都是来源于她对"人"的深刻洞察，以及她内心深处对人的温暖的爱与关怀。也正因此，寂听女士所讲的佛法才会引发感动，才会给男女老少、许许多多人以启迪和指导。

《利他》一书能够正式结集出版，得益于杂志《周刊POST》（日本知名的社会生活类周刊杂志——译者注）于2009 年年底刊载的寂听女士与我的一场对话。这场对话得到了读者的广泛好评，要求推出单行本的呼声不断，于是在添加了今年夏天我们在京都进行的另外一场对话的内容后，最终构成了本书。

由于当时东日本大地震的鲜明记忆仍然历历在目，因此我们的第二次对话自然也就把焦点集中在了与震灾相关的话题上。但是，我们并非是因为这次的大地震而有意把书名定为《利他》的。

　　我们最近进行的这场对话依然是由寂听女士主导，以"人应该怎样活着"为基轴展开了我们的话题。我们最终得到的结论正是"利他——人是为了他人而活"。尽管我们的人生道路不同，但都是认真努力地一路走到了今天，我们人生的目标和结论一样都是亲身奉行"利他"。

　　虽然这是两个年龄加起来几近一百七十岁的老年人之间的对话，但是希望那些即将担负起日本未来的年轻人也能来读一读。我们期待着能够与尽可能多的读者分享我们基于亲身实践，所得出的关于人的各种结论，从而为所有人都能获得一个更加美好的人生、为构筑一个更加美好的社会奉献一己之力。

　　最后，适逢本书付梓之际，我还要向怀着强烈意愿和炙热斗志，为本书的出版发挥了精湛编辑"手腕"的小学馆 POST · SEVEN 编辑局的关哲雄先生表示深深的谢意。

　　是以为序。

　　　　　　　　　　　2011 年 11 月 4 日于红叶妖娆的京都

第一章
遭遇大地震

鼓起勇气，就在当下

——摆脱"千年一遇"灾难的途径

2011 年 3 月 11 日，

日本东北部和北关东地区，

遭受了"千年一遇"的大地震和海啸。

因灾死亡和失踪人数接近两万人。

从未经历过如此严峻考验的日本人，

是如何从这样一种绝望的境地中重新站起来的呢？

在"因病卧床"的半年中所得的感悟

濑户内 我们很久没有见面了。今天我有很多问题想请教稻盛先生，所以满怀期待地来到了这里。

稻 盛 谢谢！寂听女士看上去气色也很好。可是听说去年（2010 年）您的腰出了毛病？

濑户内 是的，从去年秋天开始我就一直卧床不起，因为我的腰突然出现剧痛。那还是去年十月二十八号的事情。当我在东京时，开始感到腰痛，刚开始时我还能够忍住，坚持进行了连续两天的演讲，可是到最后实在是忍不住了，去看医生后被诊断出是脊椎压迫性骨折。从那时起的半年时间里，我一直卧床不起。

在病床上我只要稍微一动就会引发剧烈疼痛，因此什么事情都做不了。对那时的我来说书都会很重，所以无法阅读，自然也就无法写作，甚至不能好好看报纸和电视。最让我感到困扰的是，由于不能独立行走，所以无法独自去卫生间。不能自己洗脸，不能自己刷牙，一日三餐全都需要别人端到床头来……半年间我一直处于这种状态中。不过万幸的是，我的食欲没有受到任何影响，这好歹让我维持住了体力。

当时我觉得自己可能大限已至了吧。今年五月，我已经满八十九周岁，可以算是九十岁的人了，属于是卒寿（意指九十岁寿辰。因"卒"字的草体可以拆分成"九"和"十"这两个字。——译者注）。一般来说，这个年纪的人一旦倒下，基本上就再也起不来了。所以我也做了最坏的打算，干脆躺在床上开始琢磨自己的葬礼应该如何办，到时候请谁来担任葬礼的主持人（笑）。

稻 盛 这滋味确实不好受。那么今年三月十一号发生大地震时，您还……

濑户内 我当时仍然是躺在床上无法动弹。所以说老实话，地震时我并没有感到摇晃。一直到第二天早上，打开电视才惊愕地得知发生了大灾难。

迄今为止，只要是发生了这样的大灾难，我基本上没有袖手旁观过。不管发生在日本还是海外，我都会在灾难发生的第二天或第三天带上自己身边的全部钱财，前往灾区参加救援活动。无论是新潟中越地震时，还是云仙普贤岳火山爆发时都是如此。当年在阪神大地震发生后，由于道路中断，我从京都徒步到了地震灾区。伊拉克战争时我也曾前往战区参与救难。

虽然自己在灾区并不能起到什么作用，但我仍会义无反顾地奔赴灾区，握着灾民的手，倾听他们的诉说，给他们以抚慰……尽管我只能做到这些，但是我一直都坚定地付诸行动。

所以，这次大地震发生后，我也同样感到自己必须立即前往灾区，可是我却连站都站不起来。一场大灾难就发生在眼前，自己却无能为力。我是第一次经历这种事情，从心里为此感到万分的难过。有生以来第一次痛感：一个人必须要有健康的身体。

与此同时，因为我自己躺在床上无法动弹，所以联想到灾区一定也有很多和我一样，由于伤病而无法动弹的灾民。再一联想到当地震和海啸袭来，这些人又该如何逃难时，就更加为自己无法前往灾区救难而感到肝肠寸断。

稻　盛　灾区一定有许多人期待着能够听到寂听女士的声音。

濑户内　地震发生后不久，新闻媒体和灾区相关人士希望我发表讲话或文章，抚慰灾区民众的要求就蜂拥而至。

可是，虽然我也正因为腰痛而无法自由行动，但至少还能躲在温暖的被窝里，有人伺候我洗澡，吃得到热菜热饭。所以，这样的我实在没有底气去让那些孤独无助的、正住在寒冷的避难所里的灾民"振作起来"。所以我就暂时回绝掉了这些请求。

然而没想到的是，灾难并没有就此结束。地震和海啸结束后，福岛核电站的状况逐渐严重起来，核反应堆建筑物被炸毁，辐射外泄，并且据说还会再次爆炸……这些让我再也无法安心躺在病床上了。尽管地震和海啸已经给我们带来了恐惧和打击，但不管怎么说终归是"天灾"。天灾是由上天引发的，我们对此基本也是无能为力。可是核电站事故却与战争一样，完全属于"人祸"。人祸既然是由人引发的，那么自然也就有办法阻止。因此我马上意识到，必须废止核电站。就在我绞尽脑汁思考着自己必须为此做些什么的时候，却突然发现自己居然已经溜下床站在地板上了。

稻　盛　这可真是太不可思议了（笑）。

濑户内　我这也可以算作是"核震撼康复"吧（笑）。其实是因为想到核辐射有可能把整个日本都毁灭掉，我就觉得自己再也睡不着了。自那时起，我的腰腿就开始逐渐好了起来。

稻　盛　寂听女士的精神力量实在是令人叹为观止。您以这次的震灾为契机，重振心态，从卧病不起的病状中恢复过来的经历给我留下了极其深刻的印象。

与二战结束时的经历一样，坚强的信念让我们战胜逆境

稻　盛　这次震灾发生的三月十一号那天，刚好运营京都奖等的稻盛财团有事情要处理，我当时正在京都的财团办公室。地震发生时京都的震感也很强烈，我立刻就感到事态会比较严重。虽然我意识到这或许是一场非常大的地震，但是因为一直忙于会议、协商等事务，所以完全没有时间看新闻。当时根本没有料到地震后又发生了那么大的海啸并席卷了东北地区，晚上回到家，我看到电视屏幕上的惨烈景象后非常震惊。

同时我也意识到，这场灾难将会使日本经济雪上加霜。原本日本经济就被形容为"失去的二十年"。正如这句话所

形容的，近二十年来，日本经济一直都处于低迷之中。日本企业最近终于显露出些许复苏的征兆，我想这多少能使全体国民的心态变得积极些了吧。可就在这时候却发生了如此严重的灾难，我非常忧虑全体国民都会因此变得意气消沉，不知如何面对未来。

濑户内　有不少新闻报道都把这一次大地震的损失程度，与二战刚结束时日本的状况作比较。

稻　盛　确实是这样。每当我在电视上看到灾区满目疮痍的悲惨景象，就会不由自主地浮想起二战结束时已经化为焦土的日本。在深为灾区民众的不幸遭遇感到悲痛的同时，我又强烈地感觉到，要想冲破如此巨大的逆境，我们必须找回与二战后的日本人相同的"精神"，即无论如何都要重新振作的"努力精神"。

二战结束时我还是初中一年级学生。我的家虽然一直在战火中得以幸免，但最后还是在战争结束的前三天左右，在美军舰载机的空袭中被完全摧毁，我家所在的鹿儿岛市区在空袭中也完全成了一片废墟。不幸中的万幸，我们家上至父母，下至所有兄弟姐妹都逃过了劫难，然后就是在一无所有的状况下，我们搭建了一间小屋，共同为了生存竭尽一切所能。

　　由于日本输掉了战争，因此连政府也无法直接发挥机能，无法向民众提供任何救援物资和食品。这就迫使大人们必须自己想办法维持整个家族的生存。与此同时，包括我在内的孩子们也为了全家的生存做一切能做的事情。当时我们就与父母一起偷酿私酒，然后再由我拿到黑市里去兜售。

　　正是由于有过这些经历，才让我认识到人的心、人的精神都是相当强大的东西，越是身处逆境越是能够激发出我们生存下去的决心。因此，对于那些因为这次震灾而遭受沉重打击的灾区民众而言，这么说或许显得有些冷酷，但我认为能够让我们真正克服逆境困难的，只有人的"心"和"精神"。

　　濑户内　但是对那些身陷绝望中的人而言，一味地要求他们"振作起来"、"努力"，反而会加重他们的心理负担。也就是说，旁人终究无法改善当事者的精神状态。我觉得我们能够做到的也只有设身处地地体谅灾民们的不幸遭遇，成为他们吐诉心中苦痛的倾听者而已。如此坚持下去，或许某时他们便能够意识到："我们只能依靠自己的力量重新站起来，继续走下去……"归根结底，这终究是一个关系到每个人自身态度的问题。

稻　盛　的确是这样。当年我们站在二战后的废墟之上，唯一拥有的就是"壮志"与"激情"，而这也恰恰成为了日本战后复兴的原动力。从废墟中重新站立起来并生存下去的坚定决心，竭尽全力重建自己失去的家园和工厂的强烈意愿——正是从这里诞生出了日本人特有的创新能力，并让日本得到了全世界的认可。我认为，要想实现复兴，那么像"拼尽全力也要活下去"和"绝不屈服于现状"这样强烈的激情与意志必不可缺。

与此同时，对生活在灾区之外的我们而言，也有必要进行认真思考，看看我们能够做些什么来帮助灾区民众重振精神。

我对日本东北地区民众的顽强充满信心

濑户内　不过我相信东北地区的人们一定能够战胜这场逆境。

我在二十多年前曾担任位于岩手县（位于日本东北地

区——译者注）二户市的天台寺的住持。并且我也是在前一阵子被注册为"世界文化遗产"的平泉的中尊寺（位于岩手县——译者注）剃度出家的，因此我与东北地区有着数十年的缘分。

我出生于德岛县，后来长期生活在京都，由于我与东北地区的岩手县有着极深的佛缘，所以一直都保持着往来，因此虽然我的故乡是德岛，但由于是在东北出的家，所以东北可以算作是我的"第二故乡"。

我前后花了二十年的时间重建了天台寺，并在六年前让出了住持的职务，现在只保留着名誉住持的头衔。虽然我现在已经没有必要再常驻那边，可是大家都说，如果我每年不能至少去四次的话，天台寺就会变得门可罗雀，所以直到现在我还在天台寺举办"露天法会"。今年本来因为腰痛没法再去了，不过因为前面说到的"核震撼康复"让我的病情逐渐好转，于是六月份我在震灾后第一次回到了天台寺，并亲自探望了野田村、宫古市等受灾地。九月份和十月份，我又再次前往天台寺进行说法并探访灾区。

稻　盛　天台寺在这次地震中没有受损吗？

濑户内　嗯，我原以为寺院的大殿可能会倒塌，没想到一切都安然无恙。不过我倒是希望大殿在这次地震中塌掉（笑）。这是因为天台寺大殿已经年久失修，本来打算在今年重建大殿，按照原计划，国家将会承担80%的重建费用，我们自己承担其余的20%，但是如果大殿在这次地震中被震塌的话，国家大概就会承担起所有的重建费用，所以心里才盼着大殿被地震震垮（笑）。

当然，这都是玩笑话。据说当时大殿在剧烈摇晃了一下后就突然稳住了。等事后进到大殿中一看，佛像全部都是立着的，而且完好无损。看来万幸的是，以前的建筑在构造上都比较抗摇晃。不过虽然天台寺所在的净法寺町（町相当于中国的街道社区——译者注）在地震中没有太大的损失，可是濒海的地区却遭到了极其强烈的破坏……因为在我担任寺院住持时，经常被叫到那一带去讲法，所以基本上所有的街道社区我都到过。无论哪里都曾是安静娴逸的好地方，可是这次却全都遭到了海啸的席卷。当海啸退去，眼前满目疮痍的陌生景象令我震惊不已，心痛万分。

但是与东北人相处了几十年的经验告诉我，坚韧和顽强是东北人的特性。并且他们最突出的特点就是勤勉。这大概与东北地区自古多饥馑的恶劣地域特征有关系吧。也就是说，因灾遭难对东北人而言并不是什么新鲜事。以前每当遇到荒年，他们往往只能卖妻卖女，这大概就是过去吉原的花魁中有很多人都是来自东北的缘故吧（吉原是东京妓院集中的地区，花魁则是指妓女中才色兼备的最高级别妓女。——译者注）。由于东北话方言太重，往往让外人听了不知所云。据说当年东京的妓院为了方便妓女们与客人沟通，专门创造出了带东北腔的吉原语。

当年我初到东北地区时，简直就像是到了外国，完全听不懂当地人在说什么。光是听到他们口中"哼哼哈哈"，最后终于听懂了一点却发现他们好像是在说我的坏话（笑）。他们的意思就是"这个京都来的老尼姑一定是在京都的庙里混不下去了，才跑我们这里来骗钱"，不知为什么，我能够听懂的全是说我的坏话（笑）。

不过，因为从前东北地区一到荒年就要以卖妻卖女为生，所以外面来的陌生人往往会被认为是要来带走他们的妻儿，这也就形成了东北人极其排外的性格。由于这种地域特性，再加上语言障碍，因此外地人很难与东北人在短时间内交上朋友。可是只要长时间相处下去，一旦有朝一日能够彼此打开心扉，相互了解，便能真切地感受到东北人温暖的内心。他们虽然言语不多，但是心中却充满温情。若能真正走入东北人的内心，就必然能够感受到他们的单纯性格和侠肝义胆。正因为他们是一群善良真诚的人，所

以在这次地震后，我也希望能够帮他们做点什么，共渡
劫难。

稻　盛　环境的确会给人带来非常大的影响。

濑户内　是的，我出生长大的德岛县气候温暖，生活
悠闲，所以那里的人们成天都在轻松快乐地载歌载舞
（笑）。相较而言，德岛人就比较缺乏坚韧性。正是因为东
北人善于忍耐，因此我相信他们内心潜藏着的力量必定能
够让他们重新振作起来。

感觉好像挨了上天一巴掌

濑户内　我担心整个日本经济都会受到这次地震的影
响，稻盛先生去年受邀担任董事长的日本航空（JAL）也因
为这一次的震灾受到了严重的影响吧？

稻　盛　是的，地震发生的今年三月恰好是日航重建
的一个节点。

去年年初，日航由于巨额赤字宣告破产，目标是根据

《会社更生法》进行重建。如果日航这样大的公司二次破产的话，必然会给日本经济整体造成严重的负面影响。因此，为了尽可能地避免这种状况发生，我用一年的时间重新调整了公司业务，巩固强化了员工的改革意识。通过志愿离职的方式削减了一万六千名员工，剩下的三万两千名员工则与我一道继续奋力拼搏。

然而，就在公司发展马上就要见到曙光的紧要关头，却发生了此次地震。这次震灾不仅是给我们公司的员工，同时也给灾区机场以及我们的关联企业带来了严重的损失。尽管我早就清楚航空业是一个对于突发风险（自然灾害或恐怖袭击等不可预料的事情）承受力低、容易受到经济形势影响的行业，但是当我们通过不懈的努力就要摆脱泥潭的时候，却突然遭到了大地震的打击……这让我觉得像挨了上天的一巴掌。

濑户内 老天爷也有不近情理的时候啊。

稻 盛 本来今年三月底决算时，我们还实现了超过一千八百亿日元的历史最高盈利额，但是地震发生后日本国内旅客数一下子跌落下来，福岛核电站核泄漏事故进一步造成海外访日旅客数大幅下滑，国内和国际航线双双受到打击，最终导致日航在四月份重现赤字。即便我心里想要把这个打击当作是大自然或者说上天对我们的考验，不过说老实话，还是会感到茫然失措。

即便如此，我还是劝导日航员工不能因此意志消沉，总之，让我们努力重来一次。然而即便如此，由于震灾影响而萎靡不振的航空客流量却并不会马上恢复，所以我们只能先削减经费。经过公司各部门的通力奋斗，到五月份，日航终于实现了盈利，并从六月份起，整体业绩出现了明显的好转。

濑户内　不过稻盛先生您当初好像是在无法推脱的情况下，才接受了担任日航董事长的邀请，经过一年的拼命奋斗，在好不容易可以松一口气的时候，却遇到了如此严重的天灾，想必那种徒劳的感觉一定让您很难受吧。

稻　盛　与那些受灾民众相比，我们的辛劳完全不足为道。并且日航恰好也是在一年前宣布破产，员工们早已体验到了巨大的挫折，承受过严重的精神打击。自那时开始，日航员工们坚定再起的信心，并在获得来自合作企业、银行、政府以及企业破产重组支援机构的支援的同时，又积极地改变自身，付出加倍的努力，全力投入到了公司的重建工作中。这些经历足以令他们认识到，拥有"无论如何要靠自己"、"通过自身奋斗改变企业"的勇气和精神非常重要。

所以，当前在进行灾后重建时，尽管中央和地方政府以及公共团体的支援必不可缺，但是在必要时，为了灾区重建工作的顺利进行，可以通过变更相关法律等一系列举措来推动灾区重建复兴计划的实施。但是最终，我相信还是要靠灾区民众自己重新站立起来的意志和决心。

濑户内　确实如您所言。就像生病或受伤一样，无论是有医术高超的医生，还是有灵丹妙药，如果病人自身缺乏斗志，最终是没法把病治好的。

时刻铭记"人的想象力存在着局限性"

稻　盛　我无法像寂听女士这样亲赴灾区，四处弘法利生，给灾区民众以鼓舞。包括天台寺和寂庵，寂听女士一直都在各种场所向众生宣讲佛祖释迦牟尼的教诲，给予大家直接的鼓励。为了让大家的心态更好，也为了世界变得更美好，我认为寂听女士的宣讲应该更多地举办。

　　濑户内　一直以来我在讲经弘法时，其实翻来覆去说的都是一个理念，那就是"体谅的重要性"。所谓体谅，归根结底就是"想象力"。我们都是在通过想象力体谅他人，利用想象力理解他人的痛苦，也是通过想象力去帮助他人。总而言之，我一直认为"想象力＝体谅＝爱"。

　　想象力是我们与生俱来的、受赐于上天的一种能力。有些人的这种能力会随着自身的成长而不断加强，但也有些人的能力会随着成长而一路退化。那么，如何才能培养我们的想象力呢？我认为最好的办法就是读书。不过我可没说要大家去买我的书来读（笑）。我是说什么样的书都无所谓，大家要尽可能地多读书。通过读书便能够培养我们的想象力，从而使我们了解自己以外的人是如何思考的，或者发现他们似乎正为某些事而烦恼。如此一来，每当看到别人痛苦的表情，自然就会联想到对方是不是哪里疼痛。这也就是所谓的"体谅"，而体谅就是爱。

　　然而，这次震灾期间，我却痛感自己这种观点的缺陷。

　　迄今为止，我一直都在宣扬想象力的重要性。事实上，倘若没有想象力的话，我当年作为作家也就没办法写小说了（濑户内寂听在出家为尼前，曾经是日本脍炙人口的女作家。——译者注）。可是通过这一次的体验，我却感到自己的想象力还是存在着局限性。作为凡人，仍然有必要进一步提升自己的想象力。

一直到八十八岁为止，我的身体都非常健康，腰从来没出现过状况，我也常常为自己到了这个岁数依然能够健步如飞而感到自豪（笑）。可是每当我在寂庵或者天台寺弘法时，总是会有许多身患腰痛的民众来到我跟前寻求慰藉。对于这些信徒，我总是一边抚摸着他们的腰，一边说"您真是太不容易了，一定是很痛吧，可要多保重身体啊"。然而等到这一次我自己也因为腰痛而不能动弹时，才第一次深切地感受到了，以前那些人的疼痛要远远超出我当时的想象。也就是说，除非自身亲历，否则我们是没法真正感受到他人的痛苦的。

我和稻盛先生都亲历过战争。我们常常会竭尽全力向年轻人讲述战争的悲惨，以及拒绝战争的重要性。然而对于那些从来没有经历过战争的人来说，即便认真倾听了我们的诉说，也无法感受到战争的残酷真相。并不是年轻人态度不认真或者缺乏理解能力，而是从未亲身体验，所以不明白。这次也是在我因为腰痛卧床不起，亲身经历了痛苦之后，才终于发现了自己想象力的欠缺。

这就正如没有失恋过的人无法体会失恋之伤，没有受过贫困的人不能感受贫穷之苦，从没有饿过肚子的人难以理解饥民之哀。正因无法轻易地感同身受，我们才更有必要驱使自己的想象力去体谅他人。我们务必在铭记"我们的想象力不足以令我们完全体会他人的痛苦"的同时，尽一切可能去理解和体谅他人。

这里我想打听一下，稻盛先生，迄今为止您可曾解雇过自己的员工？

稻　盛　从来没有过，不管在任何艰难的时候，我都未裁减过自己公司的员工。

濑户内　这完全归功于爱，也就是您的想象力。解雇一名员工就等于断了包括这名员工家人在内的约五个人的生路。因为您曾经经历过战争，所以能够想象被解雇员工妻儿老小的辛酸，因此，您才没法轻易解雇手下员工，而这正是爱与体谅。

如此体谅他人的稻盛先生，也会有像日航重建时一样，不得不解雇员工的情况啊。我能够体会到这给您带来的困扰。

稻　盛　一想到那些被裁员工今后的生活，我就不得不把裁员作为万不得已的最后选择。但是正如寂听女士所指出的，重要的或许是不断警觉自身想象力的局限性，尽一切可能去体谅他人。

第二章

反论的人生观

为什么好人多磨难？

——任何恶世都终将改变

每当遭遇巨大灾难时，人们抱有一个相同的疑问——

"为什么那些老实认真的好人却会遭受如此不幸呢?"

相同的一幕在东日本大地震中重新上演。

没有比这更荒谬的事情了。

那么对于这个问题，

两位有着剃度出家经历的佛教徒又会如何解答呢?

"小善如大恶"，"大善似无情"

稻　盛　在这次震灾中，因地震和海啸而造成的死亡和失踪人数将近两万。在幸存者中也有不少人因为灾难失去了亲朋好友，还有不少孩子失去了父母成为了孤儿。正如寂听女士一直所说的，这个世界从来都是"诸行无常"，我们不知道何时就会遭遇惊天动地的灾难，而当灾难袭来时，往往是不分好人坏人，大家都会陷入同样悲惨的境地。这令人感到难以释怀。即便人们对此发出质疑，"为什么那么好的人却死得这么惨？""一直都老老实实、勤勤恳恳，怎么还会遭遇这样的大灾大难？"有人提出这样的问题，却又找不到让人信服的答案。面对那些在此次震灾中失去亲人挚友的幸存者，我们实在是无法给予他们足够的宽慰。

濑户内　确实是没法做到这点。我们能够做到的，最多也只是倾听他们的吐诉，陪他们一起哭泣。

稻　盛　生者得不到慰藉，逝者也无法重生。或许我的话有一些冷酷，但这都是没有办法的事情。

不过，虽然那些罹难者在去世时承受了无比的痛苦，但现在却已经在另一个世界里静卧在阿弥陀佛的怀抱中安歇。因此我想向他们说，我们这些幸存者可以不必再为逝者的离去而过于悲痛伤感。

还有，在那些幸存者中，也有人为自己的独活而感到自责。然而这些幸存者必须认识到，他们之所以能够在这样一场大灾难中幸存下来，有着某种必然性，只能认为是上天要让他们活下来。所以我想对他们说的就是，如果永远都陷入悲痛无法自拔的话，这只会让好不容易获得的活下来的机会失去意义。

也许你现在正深陷痛苦，倍感艰难。如果在这个时候要求你拿出勇气，摆脱这种低迷情绪或许会显得有些冷酷，但是，既然大自然和上天有意让你活下来，那么你就没有必要过于自责。

更进一步地讲，我认为，你还承担着"义务"，为社会、为世人、为了那些罹难者，你必须坚强地活下去。

濑户内 我同意您的看法。虽然处于痛苦深渊的人眼下还听不进任何忠告，但我却很明白稻盛先生想要表达的真意。

稻　盛 按照心理学上的说法，以勇气来鼓励那些身处逆境的人的话，反而会增加他们精神上的苦痛。但是深思之后我却依然确信，如果有悲惨遭遇的人出现在我面前的话，我唯一的选择仍然是鼓励他们。因为我觉得，如果我们一味地去同情那些深陷悲痛的人的话，只会让他们继续深陷痛苦难以自拔。

对东日本大震灾的幸存者们而言，现在真正需要的是"无论如何都要活下去"的勇气。

佛教有着"小善如大恶"的说法。正如字面意思所表现的，"行小善"最终却往往会转变为"大恶"。与受难者同感悲痛当然算得上是一种"善"，不过有时候我又觉得这种"善"又有可能是一种"恶"。还有一种说法叫"大善似无情"。就比如我们要求那些受难者不要总是哭哭啼啼、凄凄切切，这种要求自然显得不近人情，甚至有可能被批评为冷酷无情。然而我认为，现在讲这样近似冷酷的话，反而可以激发受难者努力奋起的勇气，这才是真正的大爱。

濑户内 尤其是这一次遭灾的日本东北地区，那里的民众都非常的善良淳朴。但是天灾却降临到了他们头上，实在让人觉得没有天理，反问上天为什么会这样。然而这种矛盾的存在正是这个世界的现实。

看一看我们这个世间，做坏事的人体面光鲜，好人往往受苦受难，这样的事情不胜枚举。我们会质问为何坏事做绝的人荣华富贵、恶贯满盈之徒飞黄腾达？为何这个世间充满矛盾？人们会拼命思考，于是便催生了哲学，同时我们认识到，必须将这些思索作为生活态度记录下来，所以进一步诞生了文学。

这原本就是一个充满矛盾和苦难的世界。佛祖释迦牟尼曾经说过"人世皆苦"，而这些苦正是来自于无处不在的矛盾。

稻　盛　刚才我提到过，"震灾的罹难者们到了那个世界会有阿弥陀佛在等待他们"，也就是说，离开了充满矛盾的世界，他们现在正在佛陀的温暖怀抱中，没有任何需要担心的事情，我认为这也可以算是一种"达观"。像寂听女士这样一直认真修行的人或许有更好的说法，但像我这种修行历练都还欠缺的人就只能给出这种粗浅的解释了。总之，如果只是简单地让受灾民众"加油"、"振作"，或许产生不了太大的效果，因此我现在想要告诉他们的就是：你现在还痛苦不堪，但死去的人已经得到了佛陀的庇护并获得了幸福，现在需要你勇敢地在这个世上活下去。

"代受苦"——罹难者为我们承受了痛苦

濑户内　当失去父母子女或至爱伴侣时，不管是谁都会陷入忘记一切的巨大悲痛之中。这种时候尽可以号啕痛哭，只要能让所有悲伤和痛苦都随着泪水一同流掉。

然后随着时间一天、一个月、一年的慢慢流逝，心中的悲伤逐渐稀释淡薄。然后有一天我们才会突然意识到，逝者在我们心中的印象已经有些淡薄。我相信灾区的那些幸存者中，或许有人已经有过这种体验。

人总是这样，即便开始时发誓要铭记，但还是会慢慢忘却。这本是人性使然，可还是会有人因此自责。甚至质问自己为什么会忘记逝者，不是应该珍惜才对吗，并认为自己是一个薄情寡义之人。其实这并不能说是薄情，能够将对离世至爱亲朋的悲痛忘掉，我认为这是上苍和佛陀赐予我们的"恩惠"。

稻　盛　如果永远都背负着失去亲人之类的记忆与悲痛，

那么我们根本无法活下去。我相信，负面情绪的遗忘是我们得以生存的前提。

濑户内 人有时真是不可思议。不久前我的腰还剧烈地疼痛着，可现在我却已经把当时的疼痛忘个一干二净，即使刻意的回忆也记不起来。生育后代的母亲们也是如此，分娩时的剧烈疼痛也可以同样忘记，所以继续去生下一个孩子。

人被赋予了这种对于痛苦悲伤的"忘却能力"。在京都有"时间如良药"的说法，时间会慢慢让我们忘却一切悲伤。

在寂庵的来访者当中，有许多人向我心痛欲绝地哭诉"与丈夫生离死别"、"痛失爱子"等不幸遭遇。但是一年之后，这些人就变得不那么悲痛了。所以记忆的模糊和消逝是正常的现象。

但是，把逝者完全遗忘掉也是不好的，所以我们才会以追思亡者为名把生者召集到一起，举行如逝者周年忌辰、三周年忌辰、清明悼念之类的仪式。坟墓起到的也是相同的作用。尽管现在有人说"自己死后不需要坟墓"，但我认为坟墓并不是为了逝去的人才存在的，而是为了让活着的人不忘逝者。如果我们无需缅怀逝者，那么便没有必要去建造逝者的坟墓，然而事实并非如此。给逝者追授法号也是同样的道理。如果用佛教的形式举办葬礼的话，那么就需要为逝者追授法号。这么做是因为佛教形式的葬礼的意义在于，使逝去的人出家后再将其送往另一个世界，所以才会追授法号。基督教中不也同样有受洗时的教名吗？所以，除非是选择佛教葬礼，否则逝者并非一定需要戒名。近年来，日本开始流行不再为逝者举办大规模的葬礼而只邀请少数近亲好友参加的做法。总之，只要能够令生者释怀，这种做法没有任何不妥之处。

稻　盛　不管是坟墓还是法号，或许都是为了让我们能够不忘逝者、理智追思的智慧之举。

濑户内　是这样的。佛教有"定命"一说，虽然字面上的意思是"注定的命运"。在我而言，尽管本人早就不想活了，可就是不死（笑）。这也就表明了我注定的寿命还没有结束，不到注定之日，人是死不了的。

这次生病是我有生以来第一次"卧床不起"，当时我还以为自己就要一病不起了。能够活到我这把年纪，任何时候都是死而无憾了……以前那些能和我一起饮酒作乐、嬉笑怒骂的朋友们早都已经死了，现在周围还活着的尽是些说不到一起的无趣之人（笑）。所以长寿这种事情，差不多就好了。可是在此次地震和海啸的遇难者中，有很多人年纪都还不大，这实在是让我思虑万千。

佛教里有"代受苦"的说法，也叫"狱苦代受"或者"大悲代受苦"等，替他人承受一切苦难的意思。尽管大多数时候特指的是地藏菩萨等诸菩萨的大慈大悲，但是在我们凡人当中同样存在着这种高尚的人。就比如耶稣基督被钉上十字架，某种意义上也可以称为代受苦吧。这些代受苦的人也是被选中的吧。

在这次震灾中遇难的人们并未犯下过什么罪恶，那些出生不久便罹难的婴儿们更是如此。这些灾难的牺牲者就是代替他人死去，他们用自己的死亡承担了原本属于我们的苦痛，他们全部都是高尚的人。

所以，我们绝不可以忘却对遇难者们的感恩之心，因为他们代我们受苦，替我们死去。

当然，震灾的幸存者会感到痛苦难耐。有很多人在灾难中失去了全部亲人，因此而备受打击，甚至变得精神恍惚。但是这些幸存者之所以能够幸存下来自然有其中的缘由，因此我们必须认真善待这些幸存者，并同时郑重虔诚地缅怀那些为我们代受苦难的遇难者们。

稻　盛　我完全同意您的观点。对于在地震和海啸中遇难的人们，我们不能只是表示同情和怜悯，对于他们为我们代受的苦难，我们必须在心中永远铭记，抱以歉意、常怀感恩。

与其因负债自杀，不如干脆"不负责地赖账"

濑户内 不过现在让我非常揪心的一件事就是灾民的自杀率正在升高。刚受灾时这个现象倒还不是特别明显，可是在一个月、三个月、半年后，当一切都逐渐安顿下来时，灾区民众也会变得倍感空虚。

稻　盛 从统计数据来看，今年五月以来，自杀率确实有所增高。

濑户内 是的。也许是谋生不易的缘故，与日本其他地方比起来，东北地区的自杀率原本就比较高。在我以前来往东北地区期间，一位熟人的家人的自杀曾经让我大吃一惊，可是一了解才发现，这样的例子在东北地区并不少见。

稻　盛 是不是有环境方面的影响呢？

濑户内 也可以这么说。东北地区原本是物产丰饶的地方，绳文文化（约距今一万年以前到公元前一世纪的日本石器时代后期。——译者注）鼎盛时期，曾经在这里采掘过黄金，并且东北地区还出产箭矢用的雕的羽毛和战马。因此为了获得黄金、战马和箭羽，日本的中央势力在历史上屡次征伐东北。物产丰饶，却不断因此带来刀兵之祸，再加上天灾频繁，这就使得东北地区自古多饥馑。仅仅是为了免受饥馑之灾，填饱肚子，就已经让东北的民众们疲于奔命、备受煎熬，这种历史经历的沉淀就使得东北地区的一些人们容易有厌世自杀的倾向。

稻　盛　这一次如此惨烈的灾难就更让人为他们担心了。

濑户内　是啊，好不容易才在大灾难中活了下来，真心希望他们能够坚强地活下去，同时我也希望日本政府能够拿出相应的对策。

稻　盛　能够让人选择自杀的理由应该没有那么简单，我相信背后必然还存在着各种各样的深层原因和复杂苦恼。

我也曾有过苦不堪言、难以为继的经历，作为一名企业经营者，在面对各种经营困境时，心中也曾不止一次闪过想死的念头。

濑户内　稻盛先生您居然也有过这样的念头？

稻　盛　坦率地讲，虽说有念头，却没有过真正的举动，不过是心里想着嘴上说着"死了算了"而已，这种经历经常会有。但是，虽说那是可以让人决心走上绝路的烦恼，好在我认识到再这样忧心下去就会十分危险，才总算是停了下来。

仔细想来，不管如何担心焦虑、竭尽心力，这些困苦忧虑全都不是仅依靠自己的努力便可以解决的问题。人只要活在这个世上，必然会遭遇非常多的烦恼。但是归根结底，这些烦恼最多也就是公司破产，流离失所，或者家中着火之类的遭遇而已。

所以，我觉得现在那些正身陷灾区、备受煎熬的灾民们也有必要意识到这一点，学会放弃，能够清楚地认识到这不是仅靠自身力量可以解决的。我相信他们中有很多正直认真的人会认为，无论任何事情都应认真对待，承担起所有责任才是正确的做法，推卸责任只是懦夫的行为。然而事实却并不是这么回事。许多人在震灾中失去了一切，只剩下了无法返还的负债，对此，当事者应该认识到这也是没有办法的事情，改变过分自责的心态。当然这么做或许会被看成是不负责任，但是我相信在某种意义上，这种达观是必不可少的。

濑户内　也就是说，应该采取顺其自然、无需苛求的态度对吧？

稻　盛　是的，我认为那些灾民的家人和好友都有义务劝说他们不要过于苛求自己。

例如，有许多灾民因为这次震灾而无法还清所欠债务。可是遭遇这样的天灾也是没有办法的事情，所以与其因债务自杀，还不如干脆违约不还。在现代社会里，一般说来这种做法当然不被允许，但是那些为了事业或者购房，也就是出于善意而借款的人，原本他们是打算通过劳动来偿还借款的，但是如果最终因故无法履约的话，就只能坦率地向债主表示歉意，延迟还债期限了。因为他们并不是从一开始就打算恶意逃债，实在是因为遇到了始料不及的变故才不得不如此。可是如果当事人由于过于在乎自己公司的面子，或者自己和家人面子，而在这个问题上过于死板的话，只会令自己走投无路。

濑户内　这都是虚荣心在作怪。其实那些因债自杀的人同样有宣告破产的选择。总之，只要真想活下去，办法总是有的，但是这些人往往出于虚荣心而不愿选择宣告破产。

我的亲戚里也有人欠下了巨额债务，尽管我让他去申请破产，但是他却无论如何都不肯这么做。这是为什么呢？一问之下才知道，如果宣告破产了的话，将来就没法当上扶轮社的会长了（笑），这完全就是虚荣心嘛。

稻　盛　某种意义上来说，确实是不那么死板的人才能够长命百岁啊。

濑户内 对，越死板的人越是短命。

并且很多自杀者都觉得自己的死能给家人带来生命保险金赔付，让他们过上好日子。可是对自杀者的家人而言，亲人离世所带来的痛苦要远远大于偿还债务的痛苦……

总而言之，自杀是绝对不可以的。是上天佛祖赐予了我们生命，而不是我们自己的意愿。既然是被赐予的生命，我们就绝对不可以用自己的手来加以扼杀。

先逝者承担着对于幸存者的义务

稻 盛 不单单是因为破产、债务以及家庭不幸，还有很多人是因为不堪病痛而选择了自杀。这些人往往身患重病，四处寻医问药，虽然花费巨大耗尽了家财储蓄，却依然得不到好转，最终干脆选择了自杀。但是不管身患何种严重疾病，我们都万不可一死了之，即便是不治之症，我们也应该选择与疾病共存。

当然，或许有人会说我是因为自己没有得病才这么轻描淡写地高谈阔论，但是我也是上了年纪的人，身体状况并不是很好，我相信一旦自己也得了绝症的话，如果不能像上面所说的这样保持达观心态的话，也是没法活下去的。其实，自杀只会给自己的家人和身边的好友带来严重的伤害。我希望那些怀有这种想法的人能够三思而行。死亡对于本人来说或许意味着一切的终结，但是对于身边的人来说，我们忍受住那些令人痛不欲生的苦痛才是关键，而这也真正体现出了我们活着的价值。

濑户内　先离世的人当然可以选择死亡来一了百了，但却会给留下的人带来巨大的悲痛。和活着的人一样，将死的人也同样担负着自身的义务。先逝者在离去之前，应该尽可能地帮助幸存者做点什么。不让留下的亲人们为悲伤所困扰，这正是先逝者对于幸存者应尽的义务。

但是为什么还会有这么多的人选择自杀呢？我认为他们在自杀时已经处于不正常状态，精神完全错乱，无法进行理智地判断。若非如此，他们根本就不会选择死亡。没有正常人会丢下家人选择独自离开世间。正常人都能够意识到自己的死会给家人带来无尽的痛苦，家长如果自杀的话，留下的女儿将来甚至无法嫁出去。正常人一旦想到这些，怎么还可能会去选择死亡呢？那些自杀者的行为全都是因为无法进行正常思考，精神错乱所致。所以周围人必须尽早地察觉出他们的不正常状态，并及时就医治疗。

稻　盛　越是死板的人越容易想不开，所以也有必要让那些死板的人学会融通。

濑户内　不过真要像刚才稻盛先生主张的"做人不要太死板"、"赖账也不是件坏事"这么说，日本人估计就要愤怒了。所有人都会斥责正是由于这些言论，才导致不老实的人越来越多，给大家带来了各种各样的麻烦。而这些批评者大概也不明白不死板可以让人多么快乐。

我这个人大概从骨子里就"不老实"（笑）。我通过数十年的体验切实感受到了这种"不老实"的快乐，并且也深知不管如何教导，死板的人终究也是无法真正理解不老实所带来的乐趣。

稻　盛　不管怎样，现在是属于非常时期，所以极端一点地说，在思维上也就需要超越寻常规则的束缚。因为负债而自杀的做法是不可取的。那些原本一直都在老老实实偿还债务的人，如果仅仅是因为地震的影响而无法继续偿还债务的话，那只管安心欠债就好了。

濑户内　并且还要让自己活得更加开心。东北地方不是有众多地方民俗活动吗？这些民俗活动个个都精彩纷呈。本来我还以为会因为今年的震灾而导致停办，可是没想到一切照旧！并且还吸引来了大批观光客。也就是说，东北地方的人们仍然保持着举办各种民俗活动的精神，并从中获得了令他们重新站立起来的勇气。

地震后，整个日本社会都曾经笼罩在一片自我克制的凝重气氛之中，日本人认为在这种时候首先必须保持自我克制。但事实上这只不过是大家为了保住自己的面子而已，因为每个人都害怕，如果自己在这个时候作乐享受的话，定会遭到他人的谴责。可是就算别人有意见，其实也没什么大不了的，反正他也不会把税钱交给你（笑）。如果有谁想要去娱乐，那就只管去好了，假如大家都停止娱乐的话，只会给日本经济雪上加霜。

学习当年战争孤儿"抢夺精神"中的生存活力

稻　盛　与自杀问题相同，总之，意志的消沉是最不可取的。刚才我们已经提到了凡事无需过于认真，在现在这种非常时期，真正需要具备的或许是那种自发奋起的"蛮勇"，不是基于理性的勇气。某种意义上，如果我们不具备"让各种陈规都见鬼去吧"的态度，是没办法迸发出这种蛮勇的。

正如前面有所提及的，二战刚结束时，当时的日本就像本次受灾的灾区一样，没有钱、没有家、没有公司、没有工厂，完全是废墟般空空如也的"一无所有"景象，没有像现在这样的志愿者，自卫队、支援物资、捐款等更是想都不用想。正是在那种苛酷状况下，当时的日本人忍受住了现代人难以想象的贫苦，实现了日本的复兴。不管是在简易木棚里出售白薯团子的小贩，还是沿街叫卖炖菜的老妇人，大家都在想方设法，利用黑市生意糊口谋生。后来，那些曾在黑市售卖糖果的人创办了气派的糕点厂，卖汤饭的老妇人成了连锁餐厅的创始人，他们能够有今天的成就，既不是因为拥有什么知识或人脉，也不是因为头脑有多聪明，而只是因为抱有"拼命活下去"的坚定信念。这种顽强的生命力是现在日本所迫切需要的。

濑户内 我认为日本人之所以能够从二战后的深渊中一步一步站立起来，完全应该归功于战争幸存者们想要活下去的坚定信念。为了生存，他们必须在战争废墟上重建家园。

当他们重建家园后，自然想把新家布置得更漂亮一些。穿着也想更好一些，所以就需要有布料，可是买布料需要花钱，于是不得不去努力挣钱。然而由于这种执著的过度，战后的日本社会陷入了拜金主义的桎梏之中，但是不管怎样，日本复兴的原动力正是每一个日本人想要努力生存下去的坚定信念。

稻　盛　提到二战刚结束后的那段岁月，我也曾经有过一件至死难忘的遭遇。

当时在受过空袭的鹿儿岛市内，有很多因为战争失去父母兄弟，只剩孤单一人的"战争孤儿"。按照现在的说法，这些孩子就是街头的流浪儿童。这些孩子大多是比我小四到五岁的小学低年级儿童，基本上都是身无一物地游荡在战争废墟上。为了生存，这些孤儿想尽办法地活下去。当然，也会做一些偷盗的事情，坚强地活了下来。每当提到生命力这个词时，我就会不由自主地想到他们。

并且不只是鹿儿岛有战争孤儿，还包括大阪的铁路桥下，和东京的上野一带，到处都充斥着战争孤儿们的身影。假如是在衣食无忧的和平时代，这些孩子多少还能博得世人的同情，然而在那个时代，连大人们都挣扎在死亡与饥饿的生命线上，根本无暇顾及这些可怜的孩子。所以在那种状况下，战争孤儿们也就只能依靠自己的力量活下去。

那时我家也是缺衣少食，所以我就协助叔父一起熬盐为家人换取食物。我们在海岸边安置上几个对半切开的汽油桶，倒入海水，从岸边残破的渔船上拆卸木材作为燃料，就在海岸上熬制食盐。虽然是我们粗制滥造出的食盐，但已经足以拿去卖钱。盐的分量都很沉重，我们都是靠肩背手扛运进到山区农村，通过以物易物的形式换取大米等食物。

日本战败的那年夏末，秋意尚且未浓，当时我才上初中一年级，体格弱小，可是仍然要背着沉重的食盐从海边一路跋涉到山里面去。现在想来可能是我看起来可怜的缘故，山中农家的村妇主动端出米饭给我吃，并且还以我需要加强营养为由在米饭上加上了纳豆（笑）。当时在九州地区应该是没有纳豆的，所以也不知道为何在熊本县和鹿儿岛县交界的山间会有这种东西。因为在那之前我从来没有吃过纳豆，所以当时也就难以接受纳豆特有的味道，尽管饥肠辘辘，却实在是无法下咽拌了纳豆的米饭。而与我一起来的叔父大概是因为去过满洲的缘故，连连说没有比纳豆更美味的东西了，大口大口地吃了起来。虽然我感觉饿得快死掉了，却无论如何都吃不下去。看到这种情景，那位村妇就说回去的路上肚子也会饿，于是很体贴地给我带了三个拌了盐的饭团。

这当然让我喜出望外（笑）。我如获至宝地捧着这三个饭团下山走到火车站。复员归乡的军人和其他人挤满了火车站。我好不容易挤开混杂的人群，在已经坍塌的站台上找了个角落坐下来，准备把三个饭团与旁边的大哥分享。当我与大哥说话的瞬间，一群似乎很久没有洗过澡的战争孤儿们突然一把夺过饭团，呼的一下……

濑户内　跑掉了对吧（笑）。

稻　盛　虽然我们立刻就大声喝止，但是那群战争孤儿们早就跑得无影无踪，饭团已经不可能抢回来了。当时的我感觉备受打击，就连现在也忘不了当时的情景。但是在当时那种情况下，那些失去了父母、居无定所、食不果腹、一无所有的孤儿们如果不这么做的话，根本就不可能活下去。他们想方设法地活下去，其行为看起来有违法规和道德，但在特殊情况下，那却是最原始本性的生命力的表现。在那个时候，成年人也是以同样的生命力，通过黑市买卖等，想方设法维系自己与家人的生存。

从战后开始，经过经济高速增长期，一直到上世纪八十年代末，日本民众都在努力推动着国家的复兴与社会的富足。然而自日本经济泡沫破灭，大家却开始变得恍惚起来，自那时起，日本经济一直处于低迷状态。因此我认为这一次的大地震或许是上苍为了警醒日本民众，让世人能够重新振作向上而鸣响的警钟。

濑户内 我想这并非只是针对灾区民众，同时也是针对全体日本人敲响的警钟。

稻 盛 确实如此。就好比这一次的核电站事故，虽然导致日本列岛陷入电力不足状态，给个人和企业都带来了诸多不便，但我的感觉却是，上苍正是通过这种方式让日本人懂得忍耐，并学会电力匮乏状况下的生活方式。

"生生流转"与"诸行无常"——在绝望中重振的智慧

稻 盛 身处当今这个时代，每天听到的往往都是令人意志消沉的新闻。不光是大地震，从政治停滞到经济萧条，从核电站事故到电力匮乏，再加上儿童受虐致死，杀人碎尸案等，给人的印象就是世道正在日趋沉沦险恶，不知道寂听女士又是如何看待当前这种社会乱象的。

濑户内 虽然现在各种各样的坏消息层出不穷，可是如果我们回顾历史就会发现，其实每一个时代都存在着这种状况。回顾历史长河，多数时候都是让人感到担心焦虑，而能够令人感到幸福快乐的时代却往往都是短暂的。我们社会中的每个人都有着各自的烦恼，对于当前的政治也是充满了愤懑情绪。

佛教将万事万物不断变化的现象称之为"生生流转"。生命总是在生死之间不断轮回反复。此外，佛教还有"无常"，或者"诸行无常"的理念。这种理念一般都被解释为"人无百日好，花无百日红"，而我则将其更简单地解释成，世间的一切都不会永远保持相同的状态。

稻　盛　原来如此，也就是"世事无常"的意思啊。

濑户内　因此，由于世间万物永远都在不断变幻，所以即便一时心中感到绝望，这种状况也不会永远持续下去。即便现在我们正陷入低迷状态，然而物极必反，世间事，潮涨潮消、有起有落，所以不如意时反而是越早跌入低谷越好，这样反而有助于我们早日重整旗鼓。

稻　盛　日本现在似乎已经是跌入谷底了。

濑户内　所以我才会觉得从现在开始，一切都会开始出现转变。尽管媒体都在大肆渲染日本已经到了最坏的关头，结果引发社会大众的惶恐不安。然而回顾历史，比现在更恶劣困难的时代不胜枚举，我们现在所处的状况还算不上是太糟。只要回想一下二战的那段岁月，所有人都过着有今天没明天的日子，就能客观地认识到这一点。因此，眼下的状态并不会一直持续下去，我坚信一切必将出现改变。

近几年来，日本社会出现的一个重要新气象就是政党的更迭。没有人料到一直牢牢把持日本政权半个世纪的自民党会下台，并且还是以那样的方式实现了政权更迭。

之所以会出现这种转变，简单说就是民众已经对自民党感到了厌倦。因此，当社会大众的这种意愿展现出来，自民党也就只得依照民意下台了。对于这种变化，自然存在着不同的观点，不过在我看来却是一件好事。总而言之，只要能实现改变就是一件值得肯定的事情。尽管有人认为被民众选举出来的新政权最终还是无法避免失败的结局，但我认为民众能够拥有亲自推选一个新政权诞生的经验本身就值得肯定。

我小时候从来不敢想象黑人有朝一日能够当上美国总统。在我将近九十年的人生岁月当中，奥巴马就任美国总统绝对是最重要的事件之一了。所以能够亲自见证这些重大历史事件，简直可以算是我带往黄泉的土特产了（笑）。但是所有这些改变也都证明了世事的生生流转和无常，是同一个状态不可能永远持续下去的有力证据。

稻　盛　确实只有世事的不断变幻，如波澜万丈般的千变万化才是这个世间唯一不变之处。因此就算那些曾如地狱般黑暗的时代也迟早会有终结的时候。而且，并不是自己一个人在承受苦难。当我们具备这样的认识时，自然就会从心中涌出勇气和力量。

第三章
震灾后的人生态度

"利他"劝言

——为了"他人的幸福"而活着

在这次大地震中，众多受灾者亲身示范了互助精神。

自卫队员、警察、消防队员，

以及从日本各地奔赴灾区的志愿者和公司企业，

他们所展示的献身姿态也显示出，

已经被众多日本人忘却的"利他"精神，

依然在这个国度里尚存生息。

"为了他人"的人生态度也正在开始变得璀璨光华。

令人感动的坚持笔录震灾罹难者姓名的
女士的身影

稻　盛　在地震刚发生后，给我印象最深刻的就是灾民们的身影了。尽管当时灾区包括食品和汽油在内的各种物资都极度匮乏，灾民们逐渐陷入窘境之中，但是却没有发生任何抢掠和暴乱行为，所有人都继续严守秩序，保持着极大的忍耐。灾区的灾民们在抱怨诉苦之前，首先对赶来参加救援活动的志愿者、自卫队员、警察和消防队员们极尽感谢之语，即便面对着地狱般的现实，他们也不曾失去过人性与礼节。正如当年的阪神大地震一样，这次的大地震中日本人从容坚定的身影同样赢得了全世界的赞许，作为一个日本人，我为此感到自豪。

濑户内　不单是地震和海啸这样的天灾，后来还发生了核电站事故这样的人祸。然而即便是在这种情况下，也没有出现暴乱和掠夺行为。全世界中在天灾人祸面前，像日本这样如此表现的国度少之又少，假如换成有些国家的话，大概情况早就失控了。

稻　盛　如果深入到日本人的人性这样的深层核心去探寻根源，那么答案或许就是日本这个岛国富饶的自然环境。日本是到了弥生时代（约公元前 300 年至公元 300 年——译者注）才开始进入农耕社会的，而在此之前的绳文时代（日本石器时代后期，约一万年以前到公元前一世纪。——译者注），古代日本人都只从事狩猎和采集活动。那时的日本人依靠在森林中采摘野果，河川里捕捞鱼类，山野间猎取野兽为生。由于地处海洋冷暖洋流交汇处，使得日本的鱼类资源极其丰富。山中也是覆盖着郁郁葱葱的常绿阔叶林，枝头果实累累，林间遍布熊和野鹿。日本气候温和，不存在极端严寒和酷暑。如此美好适宜的自然环境在全世界范围内也是屈指可数。上天赐予日本人如此殊胜的自然环境，对此大家心中应充满感激。我认为正是富饶美丽的自然环境孕育出了日本人重视和谐的美德与特性，而这种美德与特性在这一次的震灾中得到了淋漓尽致的发挥。

濑户内　完全正确。这一次，有非常多的人来向我咨询，因为他们都想为东北灾区的民众做一点贡献，但又不清楚究竟该做些什么，所以才特意来向我求教。可是我自己也是全无主意，所以为没有什么能教给他们而感到十分困惑。

有一天，一位女士给我送来了一册密密麻麻，写满了此次震灾罹难者名字的本子。原来这位女士每天在读报纸时，看到报纸版面上都是用很小的字体刊载着众多震灾罹难者的名字，于是就想到，"这么小的字体让读者很难看清死者的名字，这种做法有些欠妥"。于是她就将报纸上登载的所有罹难者的名字都誊写在了本子上。稻盛先生，您知道报纸每天都会登载新公布的罹难者名单，因为罹难者总数超过了一万五千人，所以这实在是个非常庞大的数字。当她每写满一本子后，就会送到寂庵，请求我为死者做祭奠。我看到她的这种举动，泪水不由地夺眶而出。

直到现在，那位女士仍然在坚持誊写罹难者的名录，并把记完的本子送到我这里来，所以我这里已经积累下厚厚的一摞。这些本子上的震灾罹难者名字都是一个字一个字认真书写上去的，清晰易认。尽管全都是摘抄于报纸，可是一想到罹难者人数如此庞大，仅仅是把这些名字全部誊写一遍就已经是一件了不起的事情了。这次灾难的死者们如果九泉有灵，知道人世间仍然有人在缅怀并记录着自己的名字，他们也会感到慰藉吧。

稻　盛　寂听女士现在仍然供奉祭祀着这些罹难者名单吗？

　　濑户内　是的。那位女士正是为了让我为死者们做法事、祈冥福才亲笔写下了他们的名字。并且全都是死者的实名而非法号（日本特有的风俗，人死后由佛教和尚授予法号，以表受戒出家之意。——译者注）。尽管有些死者的年龄无法知道，但是这并不重要，那位女士日复一日地记录逝者名字的做法本身就已经足以令人钦佩了。

　　稻　盛　不管认不认识这些罹难者，也不管是否只是照着报纸誊写，单单将所有死者的名字抄写下来，并为他们祭奠祈福的理念本身就已经令人尊敬了。

　　濑户内　其实我与那位女士也是素昧平生。寂庵每月会发行刊物《寂庵信息》，偶尔她会通过这种方式将罹难者名册寄过来。即便如此，这也是一种祭奠悼念震灾死难者的方式。

总会有人主动向身陷困境的人伸出援手

　　濑户内　此外，在地震刚发生后没多久，就有人提出，希望寂庵能够尽早举办慈善义卖活动。因为我身体不便，最后拖到四月八日纪念佛祖释迦牟尼生日的浴佛节时，才在寂庵大殿举办了慈善义卖。这一次义卖活动盛况空前，从一大早开始，前后来了一千多人。不过，只要是京都人来了，就免不了要讨价还价一番（笑），明明三十日元的东西他们只肯出二十日元。即使明确告诉他们，"我们不是为了盈利，而是在为灾区募集捐款"，他们也仍会不依不饶，"这个道理我也明白，不过还是再便宜一点吧"（笑）。尽管如此，光那一天我们就筹集到了四百五十万日元左右的义卖资金。然后再加上我自己的一千万日元，携带着总共一千五百万日元的救灾资金去了灾区。六月五日，当我亲手将这笔资金交给受援地的町长时，他向我询问这笔资金的使用意向，我告诉他说，希望能够用这笔资金帮助那些在震灾中失去父母的孤儿，让他们都有书读。对方于是立刻就承诺了下来。

　　说到这里，稻盛先生不是也为地震捐了款吗?

稻　盛　是的。虽然我没能像寂听女士那样，灾难发生后当即带着募捐款亲赴灾区，不过我还是通过稻盛财团向照顾震灾孤儿的相关各方提供了捐赠。在这次震灾当中，有非常多的人为灾区捐款。并且除捐款外，从日本各地还涌现出大批志愿者奔赴灾区，为灾区民众提供了各种形式的支援和服务。所有这一切都令我无比动容。

濑户内 所以说，人性本善。大家不管是捐赠资金还是当志愿者，全都是自发自愿，都是出自想要为受灾者提供帮助的善良意愿。

说到这里，让我想起了在自己因为腰痛卧床不起期间琢磨清楚的一件事情。寂庵有几名给我当助手的女性员工，她们在我生病期间表现极佳。在生病前，因为我每月都会向她们支付工资，因此一直都认为她们是把我当作雇主来提供相应的协助。可是这一次生病却让我发现事实并非如此。在我卧床不起，无法动弹的半年期间，所有这些员工都尽职尽责。

一般人对于工作都会斤斤计较，秉持"拿多少钱，做多少事"的态度。可是在我主持的这个小机构里，不管做多少事情，工资基本上都不会有太大的差异，因此我这里不光是薪水微薄，甚至可以说事情做得越多越不划算。由于我在生病期间又不能入住看护院，所以我的进食、入浴以及其他各类事情就全得依仗我的这些员工们来进行照料和处理。她们无微不至为我操劳的身影令我数度合掌致谢。所以现在我对她们可是要比以前温柔多了（笑）。

稻 盛 这正是一个极好的例子。佛教非常注重助人爱人之心，一言蔽之，也就是"利他"精神非常重要。寂听女士就是一位常怀利他精神之人。作为一名企业家，我也极其注重这种精神。寂听女士身边的人正是秉持着利他心怀一直在照料着您。

濑户内　稻盛先生所言极是。如果仅仅是为了金钱的话，她们干得越多越吃亏。然而她们却丝毫不以金钱为意，一心一意地为我工作。我和稻盛先生都是出家人，所以就算自己这么做也不过是应尽的本分，可是我却欣喜地发现，寂庵的那些工作人员们，虽然她们不是出家人，却依然拥有这种精神。

"得失算计"和"利己主义"是社会恶源

稻　盛　我认为对于企业而言，"利他"精神显得尤为重要。我本人是理工科出身，所以对于技术问题多少还了解一些，可是作为企业经营者，从年轻时代我就开始对于如何经营企业，如何把握判断基准感到茫然。

由于生意场上的一个重要原则就是盈利，这就导致非常多的企业家都是锱铢必较。他们往往把能否赚钱作为衡量一切事物的基准。可是我却认为这种做法无法真正赢得顾客的信赖和员工的认同。我曾扪心自问，企业家难道只需让自己公司的盈利便万事大吉了吗？

我年轻的时候，因为既缺少社会经验，又没有好好学习过企业管理知识，所以最后当我需要为企业经营做出判断时，就不得不将父母和老师教给我的那些最质朴的"作为人，该做的和不该做的事情"作为依据。刚开始时，我还在公司内部公开宣布要基于这些最基本的道德原则来从事企业经营，后来随着年纪阅历的增长，我也多少变得智慧了一些，于是改成了"不以盈亏得失，而以是非善恶作为判断基准"。我的观点是，不管是政治问题还是经济问题，如果都以是非善恶，也就是作为人，是好还是坏作为判断基准的话，我们就不容易犯下大的错误。

但这又不是嘴上说说那样简单。就好比我们日常言谈的内容也往往都充满了斤斤计较。当然，这里所说的计较并不只限于金钱上的得失，基本上是指自我感受是否得到满足。可以说，正是凡事都以自我为中心的"利己"倾向才是造成我们一切问题的根源。

总而言之，一个人要想做到舍弃"自我"，进入无"我"

的"无私"境界是一件万难之事。所以我们往往会因为自己没有得到足够的重视而愤愤不平，凡事只要不符合自己的心愿就怨声载道。正是这样的得失算计和利己思维污染了我们的社会，也导致政治和经济状况不断恶化。并且我感觉计较得失的思想现在已经蔓延到了全社会，令我们的日常关系和社会环境都在日趋沉沦堕落。

濑户内　到底还是像从前社会那种绝对不通过欺诈来谋利的传统要好得多。我对金融一窍不通，不过正如次贷危机所揭示的，当太多的人试图通过欺诈来发财时，就必然会给全世界造成巨大的损害。总之，问题的根源就在那些私欲膨胀之徒那里。

唉，现在这世道，甚至就连庙里的和尚都在热衷于发财，没有资格去规劝别人。大概现在没在忙着赚钱的也就只有像我们这样的人了（笑）。

一个从不谋利的宗教团体为何能够不断兴建庙宇

稻　盛　宗教之所以会在当今这个时代失去感召力，其中的一个因素或许就在于寺庙里的出家人的生活过于安逸。当然我们仍然还是可以找出许多品德高洁的僧侣，但问题是，在我们身边却往往很难见到这些高僧的身影。也就是说，令宗教失去了力量的，恰恰是那些从事宗教事业的人，并且这又进一步导致了世间的乱象频生。

濑户内　我出家为尼已将近四十年，我从来没有利用宗教谋过一分钱的利，甚至连这种念头都不曾有过。所以其他宗教团体的人往往都感到很诧异，像我这样的一个出家人却能够接连不断地兴建庙宇，这里面绝对不正常，肯定有问题（笑）。因为按照常理，我应该收集不来多少钱，就算在寺院里摆上功德箱，也不可能募集到那么多的捐款。

我当初是由今东光先生（今东光，1898—1977，日本天台宗僧侣，参议院议员，作家。——译者注）引导出家，今先生去世后，我继承他的遗志，当上了岩手县天台寺的住持，致力于天台寺的复兴工作。可是我这个住持不要说工资，甚至连差旅费都没有。在我担任天台寺住持的二十多年中，通过举办免费的露天说法活动，终于让天台寺得以享誉世间。但是所有这些活动都需要大笔的开销，而我却又没有任何进项，所以就不得不到了现在这把年纪还笔耕不辍，赚取稿费（笑）。

稻　盛　您这才是从事宗教事业的人原本该有的样子。

在近年来冒出的那些新兴宗教中，有很多只热衷于扩大自身教派的势力，使尽各种手段，一心拉拢信徒。然而所谓宗教，原本应该是通过对自身教理的宣扬来赢得信徒的自发皈依。如果宗教家们只关心如何募集捐款，修建高堂大庙的话，那么自然就会把扩大信徒数量当作自己的首要目标。这与宗教的本来目的背道而驰。

濑户内　与宗教有所不同，从只求付出不图回报的角度来看，稻盛先生令我感到钦佩的一点就是您投入自己的钱财，通过创办稻盛财团，设立"京都奖"的形式回报社会。并且您设立的这个奖项不只限于日本国内，同时也面对全世界，表彰奖励那些对于人类社会的进步发展做出了功绩的人。您的这种做法看上去对有钱人而言似乎是一件很简单的事情，可是事实上，把自己的钱财送给别人其实是一件非常困难的事情，凡夫俗子绝对做不到这点。请问稻盛先生，您的这个财团现在的规模有多大了？

稻　盛　最开始时，我主要是以所持京瓷股票的形式捐出了两百亿日元，后来又不断追加投入，到现在，稻盛财团的资产净值已经达七百亿日元。

濑户内　真是了不得！这实在是令人望尘莫及。我相信您一直都在坚持不懈地为这项事业倾注着贡献，只是不知道其他企业家们又有几人能够做到这点？能够做到这种地步的大概也就只有稻盛先生一人了。如果我们的社会里能够有更多的人以稻盛先生为榜样，群起效仿的话，我们这个社会将会让人更加充满信心。不过说起来容易，做起来却又很难。尽管现在日本的经济形势是一片萧条，但是仔细调查还是能够找出许多生意依旧兴隆的企业，然而这些企业是绝对不会为了慈善事业自掏腰包的，所以您实在是一位了不起的人。

稻　盛　从当年创办京瓷开始，我就拥有京瓷的股份。随着京瓷不断发展壮大，最终得以上市，股票价格也在股市里一路上扬，并让我赚到了钱。然而，不管是京瓷的发展，还是股价的上扬都并非只是我一个人的成绩，而需要归功于公司全体员工的共同努力。并且我们也不能忘记社会给予我们支持的恩惠。正是出于这种考虑，我才决定不把自己的获利化作私产，而要以此为基金创建一个财团。

日本的富豪榜上比比皆是家财万贯的大富豪，我的名字在这个富豪榜上只能处于末尾。但是在这些富豪当中，能够拿出私财用作慈善事业和社会贡献的人实在是屈指可数。人一般年纪越大反而越容易陷入"利己"状态，沉湎于"私欲"泥潭，我本人也是不能免俗。但是通过稻盛财团，我得以在践行"利他"理念的同时，又能够回馈一直给予我支持的社会，这实在是一件幸福的事情。

濑户内 稻盛先生一定有一位贤惠的夫人。这要是普通人的太太，大概就会埋怨："你怎么把钱花在这方面，简直太浪费了，应该把这些钱都花在自己家人身上！"女人嘛，一般都比较小气（笑）。肯定是您夫人的全力支持，才让您能够安心从事这些财团事业。我以前就曾经听说过，有一次您夫人要到家附近去购物，刚好您也正要坐公司的车去办公事，于是您就想让她搭个顺风车，结果您夫人却毫不领情地嗔怪您道："你怎么能这么做?！像你这样公私不分可要不得！"您能够有这样一位妻子，实在是太幸运了。

我们真正需要的是那些"看不见的存在"

濑户内 就像前面提到过的，日本人输掉了二战，国民的房屋财产全都毁于战火，可以说是在战争中失去了一切。因此，战后日本人最想得到的自然就是那些在战争中失去的东西，首先便是一个新家。等到新家重新搭建起来后，接下来又会接二连三地开始想要电视、汽车、华丽的服饰箱包等等，就像这样，日本人的欲望变得越来越膨胀。

可是所有这些东西都需要花钱购买，因此最终像金钱这样能够用眼睛看见的东西就成了我们最重要的追求。也就是说，日本人一心想要获得的全都是看得见的东西。

但是能让人类活下去的，真正重要的东西恰恰是我们看不见的存在。那么，所谓看不见的存在究竟是什么呢？神灵和佛陀是我们看不见的。人心同样也是我们看不见的。这些看不见的存在原本极其重要，可是在现在的学校和家庭中，这些看不见的存在却并没有得到认真地对待，也正是因此，我们的社会才会堕落成现在这副样子。眼睛看不见的东西既可怕又可敬。我们必须要让孩子们懂得敬畏那些看不见的存在。

稻　盛　您说得太对了。现代社会的问题就在于，当我们在过度追求看得见的东西的时候，却忽视了看不见的神灵、佛陀和人心。

20 世纪初期英国著名启蒙思想家詹姆斯·爱伦（James Allen）曾在书中将人心比作庭园，他说过：人心如庭园。如果我们任其自生自灭，当杂草的种子不知何时落入其间，这个庭园很快就会杂草丛生。为了让我们"心灵庭园"充满美好，就必须时时认真清除我们"心灵庭园"的杂草，为其撒播繁花芳草的种子，洒水施肥，细心呵护，否则无以盛开美丽的心灵之花。正是通过詹姆斯·爱伦的文字，我再次认识到了"净化心灵"的重要性。

当然，对佛前侍者寂听女士而言，这是理所当然的事情，是您一直都在身体力行的基本原则。但是对于包括我在内的，在生活中想当然的凡夫俗子而言，就难以懂得心灵必须净化的重要性。

忘掉自己、利益他人——"忘己利他"的教诲

稻　盛　人的心也会有邪恶与贪欲的一面，佛祖释迦牟尼将之称为"烦恼"。当然，我们也可以称之为"本能"或者"自我"。总之，欲望炽烈的利己心和与之截然相反的、被称为"真我"的、以利他为宗旨的美好心念共存于我们的心中。

如果我们不懂得修心的话，贪欲与利己的一面就会占据我们的心灵。如此一来，就正如前面所提到的、我们自然就会以个人得失作为判断一切事物的基准。因此我们必须抑制心中丑恶一面的滋生，并让心的绝大部分被充满关爱的真我和良心所占据。我这里想要告诉世人的就是，倾力"修心养性"，让心中的利己得到约束，让利他之心永远跳动。

那么我们又该如何去修整我们的心灵呢？尽管我本人对此并非了然于胸，但是我相信，对我们这些凡夫俗子而言，大概就只有"反省"这一个选项了。寺院里的出家人无时无

刻都可以进行修行，尤其是禅宗，通过坐禅便可让自己的内心得到护持清理。我们这些凡人虽然没法像出家人那样厉行修行，但是至少每天睡觉前可以做一下反省，反思自己今天有没有行任何善事，可曾做了任何不善之事；为何会行不善之事？下一次遇到相同的情况时自己应该如何正确应对？通过进行这样的反省，我们多少能让自己的内心得到净化，同时也能让我们的社会变得更加美好一些。

濑户内　说到"利他"，天台宗恰好有"忘己利他"一说。日本天台宗的开山祖师最澄大师（767—822，日本平安时代僧人，日本天台宗的开创者，曾作为遣唐使赴华学习佛教。——译者注）在《山家学生式》中告诉我们："好事与他，坏事归己，忘己利他才为慈悲之极致"。这句话的意思就是说，要把自己的事放在一边，全心全意地为他人奉献。

不过要是按照这种说法，我当初皈依天台宗的动机可就算是相当不纯了（笑）。当初我之所以要削发出家，真实目的只是想让自己变得更加自信，从而写出更好的小说。因为我这个人原本缺乏哲学等根基，因此我那时出家只是为了让自己能够在这方面得到进一步的充实。

正因为这样，我出家时根本没有打算拥有自己的寺院，或做一个名闻世间的僧侣。我的恩师今东光先生一开始也同样是告诫我不要去和其他出家人打交道，也不要想着拥有自己的寺院（笑）。可是今东光先生本人后来却因为机缘巧合当上了天台寺住持，结果在他去世后，我就不得不接手他的寺院。尽管我当年出家的动机很成问题，可是在出家为僧后，多少还是获得了一些感悟，也就是作为出家僧侣的义务。面对佛主，我必须做到利益众生，尽到自己为了众生"忘己利他"的义务。这也是我当下正在履行的职责。如果早知道需要承担如此重要的义务的话，我就根本不会出家啦（笑）！虽然我是在不明就里的情况下贸然出的家，但是只要我还是一名僧侣，就必须承担起这个义务。

"地狱"与"天堂"的差别微乎其微

稻 盛　在思考"利他"这个概念时，我会想起一个有趣的寓言。

我是从一位长老那里听到的这个寓言。他说"地狱"与"天堂"其实没有太大的区别，不管在哪一边都有一口大铁锅煮着香喷喷的"乌冬面",大家拿着一米长的筷子围坐在锅边。

地狱里的人总是焦急地夹起锅中的面条往自己嘴里送。可是由于筷子太长，谁也没办法把面条送到口中，所以便开始抢夺别人筷子上的面条。最终在一片狼藉中谁都没能吃上一口，尽管一大锅热腾腾的面条就摆在面前，可是地狱中的人却个个都饥瘦不堪。

而在天堂，大家都是用自己手中的筷子夹起面条喂给对面的人，因此所有人都能够心满意足地品尝到鲜美的面条。

我认为这个寓言通过有趣的故事展示了一个含蓄的道理。尽管没有明言爱他理念，但是这个寓言或许应说给更多的人知道。

或许有人会认为现代社会是个充满悲剧的地狱般的世界。不仅是那些这次大地震的受灾者，还有那些被公司解雇，因为事故遭受严重损害，以及家庭不和等原因，每天都在备受煎熬的人，他们或许不解"为什么厄运会接二连三地降临在自己身上"。然而这一切不幸的遭遇，会随着我们心态的转变而发生改变。

确实，如果只看现象，现在可能是"逆境"。如果能够勇敢接受它，我们的心态就能决定其最终的走向。

虽然精神上的痛苦和经济上的困顿都是异常严峻的挑战，但这是上天赋予的命运。从正面坦然接受这种命运，即便是困境之中，也依然凭借"利他"精神，通过奉献他人来追寻人生的幸福。如果能够将心态进行这样的转变，那么我相信即便深陷困境，依然能够燃起希望之火。只要做到摒弃小我，为了利益他人重新振作，并且不管如何辛苦和贫困都仍然努力拼搏的话，那么承受的一切厄运都必将出现转机，走向光明。尽管现实犹如悲惨的地狱，但是随着理念的转变，眼前的地狱也会随之改变——这是我对这个寓言的解读。

濑户内　要么是自己或者自己家人遭遇不幸，要么是在公司或者学校里遇到烦心事，这些事不管是谁都会经历。但是我们绝不能因此就去憎恶他人、仇恨世界，这种做法只会令我们的内心更加黑暗，甚至导致映射我们内心的容貌逐渐变得丑恶。反之，如果我们在逆境中依然能够体谅他人，自然就会笑颜常开，或许还会赢得他人的援助之手。

稻　盛　确实如此，如果我们具备了如寂听女士所说的体谅他人的胸怀，也就是慈悲心，并以此心怀利他、利益众生、一心行善的话，我们的人生就一定会向好的方向产生转变。但是假若我们的心中充满邪恶和私欲，那么人生则会向暗淡的深渊不断沉沦。

　　我经常将这种现象称为"因果报应"。一提到因果报应，现在的年轻人大都怀有负面的印象。然而事实并非如此，一个人如果能够奉行善事的话，即便是非常微妙的变化，也必定会有好事发生在这个人身上。

　　中国有句古话叫"积善之家，必有余庆"。意思就是说，积善行的家庭必然会因此惠及子孙后代。这种说法并非毫无根据，而是人类在漫长历史进程中得出的总结。

　　不管我们与生俱来的命运如何，一个人的命运终究会根据他的所作所为而发生变化。也就是说，只要不断行善，人生必定会向好的方向转变。即便当下还不是这样，但是这种转变迟早必将到来。

　　濑户内　不过，也并非全都是这样（笑）。有时候，让人感到难以接受的是，那些在平日里心地善良、热心助人、工作兢兢业业的人，有一天却会突然因为公司倒闭而丢掉饭碗。而那些干尽坏事、坑蒙拐骗的公司却兴旺发达。充满这样的矛盾就是当今的世道，做好事者不一定获得幸福，做坏事者却常常称心如意。正是因此，人才会需要宗教。

　　稻　盛　尽管我理解寂听女士的意思，但是对于您提到的这点，请容我稍作反驳。在我们身边确实有很多好人得不到好结果，处处碰壁。这就往往让我们感觉善良的人得不到幸福，而干尽坏事的人却不断发财致富。然而，显而易见的一点是，那些不良之徒即便能够获得暂时的成功，可却无法一直延续到人生的最后。

反过来，那些好人就算看上去没有得到幸福，可是我们仔细观察就会发现，他们中的绝大多数人都能够拥有充实的内心，并最终能够幸福地走完人生最后的道路。拥有美好心灵的人很少会没落。当然，也有人由于过于好心去给别人当借款担保人，最终让自己陷入厄运。但是无论怎样，凡是能够一心一意为他人做奉献的人，最终必然会获得报偿。

濑户内　我也曾一直教导别人好人一定会有好报。可是在现实中，又实在是有太多善良的人遭遇事故或者陷入重病，悲惨地死去。在东日本大地震中的那些死难者不正是这样吗？

因此，这个世界要比我们想象的更加复杂。不管我们行多少善事，都不要期许在我们活着的时候能够得到报偿。我们应该不图回报，奉行善事，这完全就是一种无偿行为。

总而言之，"利益他人最终也会利益自己"的念头本身就在期待得到回报，这实际上属于是利己的念头。当我们行善事时，不应企求回报。可是当我们不计回报，一心行善时，往往在不经意间却会发现事情的进展意外的顺畅。之所以会这样，终究还是因为佛主与神灵一直都在给予我们关爱。因此，才会产生宗教，我们的祈祷才会有意义。

"发出声音"、"为了他人"、"大家共同"进行祈祷

稻 盛 寂听女士您如何看待"祈祷的力量"？

濑户内 我坚信"祈祷的力量"是毋庸置疑确实存在的，但是如果我们只是为了自己的利益进行祈祷，这种祈祷则不会产生任何作用。例如"让自己发大财"、"希望女儿嫁个乘龙快婿"、"让孙子能够考上名牌大学"这样的祈祷是绝对不会产生任何作用的（笑）。佛主对于我们祈祷的动机早已洞若烛火，因此我们不应为自身，而应该为他人去做祈祷，这样的祈祷也一定会产生效果。

稻 盛 也就是"利他祈祷"。

濑户内 是的，这样的祈祷才能够得到佛主的接纳。就好比这次的震灾让很多人遭受了伤害。虽然我们对这场悲剧无能为力，但是至少我们可以祈祷"不要再让受灾的人们遭受更大打击"，佛主是会接受我们这个请求的。

但是我个人的祈祷终究力量有限，大家一起来祈祷才会产生巨大的力量。如此一来，佛主也不得不认真对待众生的祈求了（笑）。所以我们每一个人都应该去为灾民做至诚祈祷，好让祈祷的力量越来越大。

稻　盛　确实是这样，诸如祈愿人类和平、让战争从地球消失、祝愿世界变得更加和谐这样的，超越个体、心胸宽广的祈祷至关重要。事实上，能够做这种祈祷的人往往会得到各种幸运的眷顾。不是直接祈祷自己个人获得好运，而是为了社会、人类和他人做祈祷，我感觉这样的人终究会变得幸福。

濑户内　总而言之，我们不能为了自己做祈祷，所以正如前面提到的"忘己利他"一样，我们要忘记自己，为了他人的幸福去祈祷和奉献。

稻　盛　祈祷之中确实蕴含着力量。

濑户内　这种力量是的的确确存在的。并且我们最好能够发出声音进行祈祷。语言本身就具有威力，在语言之中暗藏着某种力量。因此我从来都是提倡大家在祈祷时去选择那些我们敢于大声说出来的愿望。就正如刚才您说到的祈愿世界和平的祈祷，即便大声说出来也没人会为此感到害臊，可是诸如"乞求那个跟自己老公搞婚外情的女人早点死掉"之类的愿望，大概就没人好意思大声说出来了（笑）。因此我希望大家乞求的都是那些能够大声说出来，不管谁听到都不会害臊的愿望。"让讨厌的婆婆早点翘辫子"这种没法大声说出来的念头可是绝对不行的（笑）。

稻　盛　您这例子倒是非常直白（笑）。

濑户内　说到这里让我想起了一件好笑的事情。以前曾经有位老婆婆每次都会来寂庵听我讲经说法，但是不知道为何原因，那个老婆婆每次参加法会都一定会迟到，对此感到有些疑惑的我有一次终于忍不住向她打听原因。原来这位老婆婆家住大阪，每次来寂庵时都会顺道先去参拜奈良的一所名为"速死寺"的寺庙，因此抵达寂庵时就会迟到一会儿。

那个速死寺宣扬的是无苦离世、迅速往生的信仰。当我询问老婆婆，"您为何那么想要赶快死呢?"结果才得知那位老婆婆倒不是想自己马上就死，而是因为她家的老头子最近总是说些很烦人的话，所以为了让他早点死，老婆婆才会特意去参拜那所寺院（笑）。

稻　盛　哈哈，这段子也太搞笑了。

濑户内　后来没过多久，那位老婆婆突然失踪了，连续两次法会都没来参加，我担心她是不是感冒生病了，于是按照名簿上的电话打过去问候，结果是她家先生接的电话，当我打听老婆婆的近况时才知道，老婆婆已经在两个月前突然离世了。

稻　盛　她的祈祷果然灵验了（笑）。

濑户内　确实如此（笑）。所以说就算是在速死寺里祈祷，如果不大声把自己心中的愿望说出来也是没用的。那位老婆婆祈祷时没有把祈祷对象的名字说出来，结果佛主搞错了对象，让老婆婆先速死了（笑）。

这是个真实的故事。老先生根本不知道老婆婆拜求神灵让自己快点儿死掉，所以我一有机会便将这段故事作为笑话讲给大家听。

稻　盛　不过我要是到了寿命将尽时，倒是也希望能够像那位老婆婆一样猝死离世，这就再理想不过了（笑）。

"微笑的力量"——悲颜带来不幸,笑颜引来幸福

濑户内　我从没想过自己会活这么久。我现在常常后悔，早知道自己要活这么长，当初就会规划一条完全不同的人生

道路，做那些自己想做的事情。

在我因病卧床期间，曾经以为自己就算把腰病医治好了，也得一辈子都在轮椅上生活。因为像我这样年近九十的老人，一旦陷入这种状态，往往都会变得神志不清、卧床不起。身体也会开始逐渐衰弱，就算腰痛康复，腿脚也很难再恢复过来，还得靠轮椅度日。所有那些来探望我的人都会窥视我腿脚，看看有何变化。如果我坐在轮椅上，便派不上什么用场了。事实上我心里也清楚，这些来探望我的人其实是来打探我葬礼日期的（笑）。

但是，当我意识到自己将可能会在轮椅上度过余生时，一下子就变得恐惧起来。有一位已经去世的、名叫大庭美奈子的作家晚年就一直过着轮椅生活，她是因为脑梗塞倒下的。不过大庭美奈子的丈夫利雄是一个了不起的好男人，一直到她去世为止，大庭美奈子的丈夫一直都在无微不至地照料着她，我当时亲眼见证了这一切。

想到这里，我就免不了黯然伤魂，要是能有个男人来为我推轮椅就好了。可是我早已和过去的那些男人一刀两断，早就没有任何来往了（笑）。所以一想到现在没人会来帮我，就后悔当初要是留那么一两个"轮椅男"就好了。

稻　盛　不管怎么说您现在的身体可是好得很。不过您可是在床上躺了将近半年的时间，当时会不会也有心情郁闷的时候呢？

濑户内 这倒是未曾有过。我脑袋里想的都是自己能不能再拿起笔写小说。

并且当时我也是无事可做，既没办法写作，也不能阅读，只能干躺在那里，稍微动一下就会疼痛难忍。于是有一天我突然想到了，仰躺在床上，可以用手指在自己肚子上抄写《般若心经》。

稻　盛 是嘛?!

濑户内 不可思议的是，在写经过程中，我居然忘记了疼痛。我真没想到，原来也可以以这种姿势写经……并且通过这样的写经，我熟记了经文，重新回想起了汉字的写法，从而有效防止了得上老年痴呆（笑）。

稻　盛 这样还真是不错（笑）。

不过寂听女士的话总是能让人感到开心快乐。您的只言片语便能令大家开怀大笑，也能深深地打动听众的心……有机会我还想去听您讲经说法。

濑户内 我在天台寺举办露天法会时，每次都会来几十台大巴的听众，日本各地总共会有三五千人、甚至一万人。不过今年春天的讲经活动由于我卧床不起，无法参加，结果只来了一台大巴，让天台寺的人感到很有压力。

稻　盛　不过要在那么多听众面前讲经说法，并打动所有人的内心实在是件不容易的事情。一个人即便再聪明再巧舌如簧，也不一定能打动对方的心。要让自己的言语深入到每一个听众的内心，这对讲经人而言是一件非常辛苦的事情吧。

濑户内　这确实会让人心力交瘁。在台下的听众中，既有年幼的小孩，也有九十岁的老人，男男女女皆各不同。但是大家从远方特意来到岩手县的这个深山寺庙中，如果不能让他们满意而归的话，那是绝对无法原谅的。所以我在讲经说法的时候，每当台下听众表现出乏味的感觉时，我就立刻会改变话题。我总是一边观察着大家的表情，一边不断变换话题，一直都努力让自己的话语赢得众人的笑颜。

在我讲完经后，最后一定给大家留出提问解答的时间。这样是很有趣的。每当这个时候，总会有听众当着数千在座人的面，坦然地吐露一些非常隐私的话题，诸如"我的父亲又在外面搞婚外情"、"我婆婆老是欺负我"等等，总是惹得全场人大笑。

稻　盛　这是因为整个会场已经形成了一种特殊的磁场，寂听女士独特的魅力，让整个会场成为一个敞开心扉的场所，因此也才使得众人的羞耻心得以完全消失。

濑户内 也就是说，在发言者眼中只看到我一个人。尽管会场还有其他数千名听众，可是当发言者望着我认真倾诉时，已经全然忘记了他人的存在。而这又会进一步感染到在座的其他人，令他们大胆踊跃地站出来，倾诉一番心中的块垒。当他们公开袒露出平日难以言说的幽怨时，我会要求会场中怀有相同想法的人把手举起来，这时总会举起黑压压一片的手（笑）。

而这往往也会引发会场众人的大笑。

稻　盛 听上去确实是非常有意思。

濑户内 笑是很重要的事情。毋庸置疑，不幸最喜欢的就是悲惨的面容，而幸福则青睐笑颜。当我们展开笑容时，则必定能够战胜疾病、不畏贫穷，因此是否拥有笑容对我们而言至关重要。

稻　盛 所以前面提到的那些貌似荒诞不经的说法却又并非是玩笑之谈，越是在困难时候，我们越需要保持开朗和欢笑。

濑户内 是的，只有当我们心底从容时，才能够展现笑容。所以不管是真笑还是假笑，只要能笑就好（笑）。这不仅能够让我们身体健康，同时也可以感染我们身边的人，让他们也积极向上。

第四章
新日本人论

改变日本，就在当下

——致已经忘记"少欲知足"和"慈悲"的日本人

不仅仅是灾区重建和核电站事故的善后处理，

当今的日本还面临其他众多难题。

财政赤字、经济低迷以及孩子的教育与"心"的问题……

但是悲观并不能解决任何问题。

只有当我们自身改变时，"地狱"才能变为"极乐"。

日本人，还需要做出更大的改变。

非常时期应该遵循非常时期的行事规则

濑户内 可是现在的日本愁容要比笑容多，我认为这不是一个好现象。我们的这场对话现在还没有结束，所以这本书的最终书名也还是个未知数，但是我现在最想表达的就是"改变日本，就在当下"。至于具体要改变什么？如何改变？我会在后面进行详细讲述，但是我们现在已经没有时间去讨论"什么时候去改"、"由谁来改"这样悠闲的话题。我迫切地感到，我们现在到了必须亲自站出来推动改变的时候了。

稻 盛 是的，在这一点上我的感触与您完全相同。眼下急需的就是民众改变日本的强烈意志。我不认为日本政府会主动推动这场改变，如果全体国民不能携起手来，共同改变这个国家的话，那么这个国家就不会有明天。

濑户内 事实上，怀有这种意愿的人正在不断增加。不仅是地震、还有核电站事故，越来越多的人开始再也无法容忍现在这样的日本。大家都盼望着改变能够早日出现。

稻　盛　然而，如何才能实现改变呢？现在的问题是，最应该率先改变的政治家和官僚们却被传统规则束缚，他们并没有打算去真正改变日本。

今年六月，我刚好有机会访问了发生核电站事故的福岛县饭馆村和南相马地区。当时我是去参加由我义务主持的"盛和塾"的开班仪式。"盛和塾"是一家专门针对中小企业年轻企业家的培训机构，在日本各地都设有分塾。刚好之前福岛县一直没有"盛和塾"的分支机构，因此从去年开始，大约一百五十名福岛县的企业家聚集在一起，共同筹办盛和塾的福岛分塾。今年 3 月 11 日大地震发生后，我原本认为福岛分塾的开班仪式大概不得不往后推迟了，可是没想到福岛的企业家们仍然坚持按原计划进行。为了响应这些福岛企业家的请求，在开班式当天，有将近六百位来自日本各地的企业家奔赴福岛，参加了盛和塾福岛分塾的开班仪式。

濑户内　真是了不起！

稻　盛　包括当地与会人士在内的共计八百名企业家聚集到福岛的郡山，举行了开班仪式。在入学者当中恰好有前福岛县知事佐藤荣佐久先生，开班式的第二天，他恳切地邀请我前往灾区访问。

我们从饭馆村开始，紧紧沿着核电站事故二十平方公里禁区的边缘一直坐车到了南相马。我被带到了禁区的边缘，亲眼看到了灾区的状况。然后我们又沿着海岸线一直行驶到仙台市，一路上满是疮痍、废墟无数，实在是一副悲惨无比的光景。

因为我亲眼看见过二战结束时被战火蹂躏过的焦土，因此总是会不由自主地将两者加以比较。在灾区我们几乎看不到其他人的踪影，只是偶尔才能够看到正在清理废墟的人。我一打听才知道，由于现有法律条规的限制，使得灾区清理废墟的工作举步维艰。现在出于环境保护的顾虑，日本法律禁止了燃烧落叶等行为，然而在现在这样一种千年一遇的非常时期，我们就不应该再被平时的规则所束缚，而要尽快将废墟处理完毕。为了使灾区早日复兴，政府还应该与银行协作，帮助灾区渔民尽快地重新购置渔船，让从事农牧业的农民们早日恢复耕地和牧场。

可是当我把这些想法告诉给前福岛知事佐藤先生后才得知，由于相关部门的条规限制，使得在进行灾区复兴工作时，不管做什么都需要逐一审批。尽管目前力图改变这种状况的政策正在循序推进，可是在当前这种时刻，如果依然固守平时规则的话，那就什么事情也干不成。

濑户内 是的，非常时期还如此古板实在是不可理喻。

稻　盛　在现在这种紧急时期，日本的总理大臣理应宣布进入非常状态，冲破传统规则和法律的束缚，大胆行事，可是政府各部门存在种种束缚……

濑户内　实在是不可理喻。

稻　盛　因为仅凭一个县的知事也不可能独断专行，所以目睹灾区的悲惨状况，我就更加痛感到这种现象的严重性。

濑户内　正如灾区废墟清理问题一样，日本政府的震灾应对举措实在是进展缓慢。政治家们也实在是搞不清状况，不懂就事论事，认识不到现在不是他们搞党派斗争的时候。难道他们就不能在一年或一年半的短时期里破除党派之争，由各党派各自选派一到两名具有才干的成员来共同组成处理灾区问题的临时内阁吗？非常时期理应按照非常事情的规则来做决断，可是我不知道为何日本的政治家们却不懂这个道理，如果他们这样去做的话，是能够得到全体国民认可的。

"九十年"生涯中没有比现在更奢侈的时代

稻　盛　最近我一直在为日本所面临的问题进行着思考。东日本地震发生前，日本政府的税收为三十七万亿日元，而支出却达九十二万亿日元。就以我们身边的例子作比喻，这就好比一个家庭一家之主的月收入只有四十万日元，可是这个家庭的月支出却高达九十万日元，这完全有悖一个正常家庭的常识。现在日本政府的负债总额约为九百万亿日元，也就相当于上面这个家庭的负债额膨胀到了九百万日元。最棘手的问题是，在找不出还清现有负债办法的同时，这个家庭却还在继续借钱。

濑户内　我对于国家财政这个问题可以说是一无所知，是不是与其他国家相比，日本的财政状况非常糟糕？

稻　盛　是的，日本政府的负债总额已经超过了日本GDP的百分之两百，如此严重的负债在世界范围内绝无仅有。反观日本以外的其他国家，例如现在正让欧盟陷入困境的希腊和意大利的政府负债，虽然也已经超过了所在国 GDP 的百分之一百，但这也只是日本的一半。并且不仅是发达国家，包括发展中国家在内的几乎所有其他国家的政府负债，不要说是 GDP 的百分之一百，甚至平均连百分之八十都没有达到，因此日本政府超过 GDP 百分之两百的负债规模是极其不正常的事情。并且就算从现在开始过量入为出的生活，但是已经负债累累，在精神上也不会情愿去这么做。

二战结束后，日本人通过努力奋斗终于让日本成为了仅次于美国的世界第二经济大国。尽管前不久这个世界第二的宝座让给了中国，但是长期以来，我们一直都自负日本是全世界数一数二的经济大国，正是这种念头导致我们不管是在与联合国这样的国际组织或与各个国家打交道时候，还是在制定国内经济政策时，都抱着日本依然是世界第二大财主的心态，结果才会导致在收入只有四十万亿的情况下，居然敢支出九十万亿。

尽管周围人都在告诫这种做法不可持续，可是日本政府却根本听不进去，只会找借口说："无论如何我们现在都需要花钱，经济状况如此糟糕，政府必须花更多钱拯救经济。"但是这种做法最终还是行不通。在我看来，根本就没有人在为政府的财政问题感到忧心。

所以在这里我就想要向寂听女士请教，面对当前这种情况，我们是否终究还是应该遵从佛陀"凡事都应该适可而止"的教诲，也就是要懂得"知足"。现在是不是应该告诉全体社会大众，让他们觉察到，尽管我们已经习惯了骄奢的生活方式，但是这种生活是不可能永远持续下去的。

濑户内 是这样的。现在所有的人都在抱怨自己活得非常辛苦，灾区的民众现在确实处于最艰苦的时候，灾区之外的地方也确实有不少人生活得非常艰辛。然而仔细看一看其他多数人的生活我们就会知道，世界上再也找不到像日本这样奢侈的社会了。我已经年近九十，这辈子差不多就要了结了（笑），所以才敢这么说。回首我曾经生活过的时代，从来没有经历过像现在日本人这样骄奢的时期。

就比如吃饭问题，现在基本上人人一日三餐都不成问题，可是对于二战时期的日本人而言，这却是件极其奢侈的事情。从前的时代，常常会有人因为饥馑或者自然灾害饿死，刚出生的婴幼儿由于营养不良而死亡更是非常普遍的现象。在现代社会里，就算我们因为工作繁忙而无暇准时吃饭，可是只要到便利店和快餐店便可随时吃到各种各样的食物，饿死对于现代人来说完全是一件不可想象的事情。

现代人面临的问题不是饥饿，而是肥胖的困扰。女性为了减肥特意去服用泻药，或者在饕餮大餐后想方设法把吃下去的食物呕吐出来，以达到瘦身的目的，这些做法实在是太浪费了。现在的日本每天都有大量吃剩的食物被扔掉，垃圾场被遗弃的各种食物招来了黑压压的乌鸦群。我们这个社会实在是充斥着各种各样的奢侈和浪费。

在穿的方面也有同样的问题。现在人讨论最多的话题就是如何把不要的衣服扔掉。因为大家的衣服太多了，所以才会有这种事出现。近年来，日本社会开始流行"扔东西是好事"的风潮，但这种观点实在令人不敢苟同。作为亲身经历过战争的人，我从来都不随便扔东西，因为觉得可惜，所以会好好保存。

稻　盛　我和我的妻子都是这样，所以我们家里堆满了各种各样的旧东西，都快没地方放了。

濑户内　是的，就像我这样，不得不去买新柜子来装旧东西（笑）。寂庵的那些女助手们总是抱怨，"实在搞不懂庵主是怎么想的"。她们无法理解"为何庵主会如此珍惜那些根本就没法再穿的旧衣服"。可是不管她们怎么说，反正我是没法随便扔掉旧衣服的。

从前在淘米时，就算掉了一粒米在水槽里都会遭到训斥。我所受的教育就是，"一粒米当中也有佛陀和神灵的存在"，可是这种教育现在早已荡然无存，与从前比起来，现代人把浪费当成了理所当然的事情。

稻　盛　由于这次核电站事故的影响，人们终于开始懂得节电了，可是在此之前，人们在用电上的浪费实在是触目惊心。

濑户内　是啊，今年夏天不仅是东京地区出现了电力不足的状况，就连日本的关西和中部地区也因为电力不足而发布了节约用电的指令。由于寂庵完全实现了电气化，所以这道指令还是让我们感到非常不方便。

以前寂庵的厨房用的是天然气，可是每当我读书和工作时，往往由于过于专注而把灶上烧着的火给忘个一干二净，等意识到时屋里已经是浓烟滚滚（笑）。到现在为止，我已经烧穿了二十个水壶的壶底。我的助手觉得这样下去实在是很危险，所以把包括厨房在内的全部设备都改为用电，虽然这样安全又方便，可是一旦遇到停电就很麻烦了。

但是细细想来，直到不久以前，我们的家中不是连空调都不曾有过吗？例如我的第一部获奖作品《女大学生·曲爱玲》，在我撰写这部小说时恰逢酷暑盛夏，当时不要说空调，就连电风扇也因价格不菲而买不起，我只能把冰袋围在脖子上，用毛巾裹着冰块绕在头上坚持伏案写作。既然通过这种

方式也能创造出获奖作品，也就证明了空调等等的并非必需
之物，而是事在人为。现在的人们生活得过于奢侈，事实上
白天完全没有必要开着电视，普通的炭炉也足以取代微波炉。
我相信，就算我们回归到当年那种不是太方便的生活状态之
中，也没有什么过不下去的。

现在需要"忍辱"的精神

稻　盛　据说地球现在已经到达了承载的极限。

现在世界人口已经超过了七十亿，按照当前的人口增长
速度，预计 2050 年时，地球人口将突破九十亿大关。与此同
时，以美国和日本为首的发达国家的政治家和商业界人士出
于税收增加和经济发展的目的，继续热衷于推动经济的不断
成长。而发展中国家的人们也期待着缩小与发达国家之间的
差距，提高自身的生活水平。通过积极追求经济的持续增长，
他们提高了自身的精神和物质生活水平。不管是平常的衣食
住行，还是耐用消费品和各种奢侈品，全人类都在不断地追

求着更高的标准。但是这种现象最终究竟又会给我们带来怎样的结果呢？

从现在开始到 2050 年，只剩下不到四十年的时间了。如果世界人口增长到九十亿，同时人类的生活水平相应提升，那么我相信一定将会导致粮食的枯竭。并且不仅是粮食，包括石油在内的其他能源资源和水资源也同样会面临枯竭。就在我们按照当前的速度，贪婪地追求富裕和经济增长的时候，地球也已经快要到达自身的极限。因此我认为，佛祖释迦牟尼所说的"知足"理念是我们现在所必需的。

濑户内 佛祖释迦牟尼所说的"少欲知足"其实具有非常深刻的含义。不仅仅是因为现在日本经济不景气，我们才督促大家停止各种铺张浪费的行为。事实上，我们从一开始就不应该选择奢侈浪费的生活方式。

即便是在佛祖释迦牟尼的那个时代，社会中也存在富人和穷人的差别。作为王子，释迦牟尼虽然也曾过着奢华的生活，但是出于对贫富不公现象的疑惑与否定，他最终毅然出家，选择了清贫的生活。这也正是他令我们感到钦佩的地方。

稻　盛 可是我们如果真的要求社会大众如寂听女士所说的那样，尊崇佛祖"少欲知足"的教诲，尽可能地减少奢侈浪费行为的话，不管是日本，还是其他发达国家的人们肯定会站出来反驳我们是想走一条不切实际的回头路。与此同时，发展中国家的人们却又期盼着能够获得进一步的繁荣和富裕，对于他们的这种愿望，我们同样也是很难加以否定。

但是无论如何我都坚定地认为，我们现在必须要向全人类大声疾呼，我们的地球存在着极限，已经无法承载人类对于更富裕生活和更大繁荣的追求！

濑户内 人们一旦过上了好日子，自然就会去生儿育女、繁衍子孙，然后又要去创造更多的财富，繁衍更多的子孙……如果依照这样的规律不断循环发展下去，地球迟早会崩溃。

稻　盛 那么我们究竟又该如何践行"知足"呢？我认为要做到这一点就仍然需要遵循释迦牟尼的理念。在佛教被称为"六波罗蜜"的六种修行法当中，有一条就是"忍辱"（六波罗蜜分别为布施、持戒、忍辱、精进、禅定、智慧）。忍辱就是要忍受苦难和侮辱。佛祖释迦牟尼告诫我们，活在这个世间，学会忍辱是一件非常重要的大事。我相信，通过忍辱，多少能够让我们的内心平静下来，也让我们这个社会变得更加和谐。

当然对于我的这种说法，或许会有人斥责是高谈阔论。但是我坚持认为现在已经到了必须勇敢站出来，发出这种声音的时候了。作为一名身处商海的企业家，居然公然否定经济的成长与发展，这或许会遭到他人的嘲笑，可是我认为自己必须在有生之年把这些想法都说出来，所以我在各种场合都在极力宣扬自己的这些理念。

今年一月我已经七十九岁了，刚好和寂听女士相差十岁，不过我可没法像寂听女士这样长寿（笑），所以现在必须把自己的这些心里话都尽早讲出来。

濑户内 七十几岁还早着呢，人不到八十是不可能真正明白事情的（笑）。

我们不仅要改变骄奢浪费的行为，这次的地震也让我们认识到，人类应该对大自然抱以更加谦卑的态度。各种自然灾害并不是什么新鲜事，于是我们人类就自以为可以利用自身知识加以预防。可是人类现有的知识其实根本算不了什么了，甚至连这一次的核电站事故都没能预防。今年日本遭到了严重台风的袭扰，尽管每年台风都会给我们带来大麻烦，可是我们却束手无策、毫无办法。

所以我认为人类必须对大自然抱以敬畏，保持谦虚。

从未见过像现在这样人心阴暗又险恶的时代

稻　盛　现在我们的物质生活过于丰富，便利的同时，人与人之间的关系却变得更淡漠，再加上整个社会充斥着各种各样的艰辛，所以现在不管是年轻人还是像我们这样的老年人都再也找不到心底的安宁。可以说我们正身处一个充满迷茫和不安的时代之中。人人都暴躁易怒，心态混乱。当不堪重负时，要么走上凶残的犯罪道路，要么就把自己逼上绝路。

濑户内　刚才我提到我这一辈子从未经历过比现在更加奢华的时代了，很多方面现在确实要好过从前，但是在"心灵"这个问题上却再也没有比现在更阴暗险恶的时代了。

虽然二战时情况也的确非常糟糕，但是我们当时都被灌输了那场战争是一场"圣战"的错误思想，所以并不觉得自己是在做坏事，因此我们都意气昂扬地欢送士兵出征，并且只听到日本军部的战况公告，就欢天喜地地相信日本总是在战场上取得胜利。尽管那个时候大家都缺衣少食，但是我们都认为这是战争时期的必然现象而坦然接受，所以二战时的日本社会其实并没有那么的阴暗悲惨。

稻　盛　这是实话，尽管当时的日本化为了一片废墟，但是人们对于未来却仍然充满了希望。

濑户内　当时日本对战争的叫法是错误的。二战时日本人的内心并不凄惨，因为所有日本人都认为自己是在做正确的事情，相信那场战争是为了东亚和平、为了天皇、为了子孙后代，所以大家精神头十足。

据说我们现在又陷入了百年一遇的世界经济大萧条。每天听到的都是企业倒闭之类的负面消息，这就让我回想起了八十年前当我还在上幼儿园时，恰好也是发生了和现在一样的世界性经济大萧条。

稻　盛　您说的是 1929 年的世界经济大萧条和第二年随之出现的日本昭和萧条。

濑户内　虽然当时我年纪还小，不过却清楚地记得当年的情形。我之所以会对那段岁月保持着清晰的记忆，是因为我父亲给别人当连带担保人，结果把家里的钱赔了个一干二净。最后实在是走投无路，刚好当时日本流行鸟店，于是我们家也做了一阵子这个生意。我父亲之前曾经发明了一种鸟笼，主人在喂食时小鸟不会逃出鸟笼。结果这种鸟笼的销路特别好，父亲就想到，既然鸟笼都能够如此畅销，不如干脆自己也开家鸟店算了（笑）。我在上幼儿园时，家里才开始经营鸟店，为了招揽生意，父亲想出个妙法，不是很多店铺都会聘请"迎宾小姐"嘛？按照相同的套路，我父亲去买了只八哥来迎宾，当然这就不是什么"迎宾小姐"了，而是只"迎宾鸟"。那只八哥会说"欢迎光临"，在我们家附近可以说是名气不小。

稻　盛　这还真是个绝佳的广告宣传点子。

濑户内　确实是这样。可是，有一天我们家的八哥却突然开始改说"真是不景气啊"（笑）。这可不是我杜撰的，当时来我们店的客人坐下的头一句话全都是"真是不景气啊"，结果那只八哥把这句话给记住了。如此一来，那只八哥作为"迎宾鸟"的价值也是一落千丈。

那时候也和现在一样，流行着大学毕业了却找不到工作之类的歌谣。正是当年的这些记忆让我恍惚觉得过去的一切又在重新上演。总之，大家因为没有钱所以也就无从选择，只求能找到个工作有碗饭吃，所有人都在想尽办法糊口谋生。所以历史只不过是在进行螺旋式的重复。

现在人都只想过轻松的生活，而因为这样的生活求之而不得，才使得人们会产生各种抱怨和愤怒。但是这种所谓的轻松生活只不过是现代人由于自身欲望的膨胀，而试图让自己所有的欲望都能够得到满足。当这些欲望无法得到满足时，他们便会因此感到愤怒。然而，如果我们能让自己的欲望更少一些的话，就能够更加容易地感受到幸福。所以佛教才告诉众生要懂得收敛自己的欲望。

所谓幸福，实际上指的是心灵的自由，与有钱没钱、钱多钱少并无关系。一个健康的身体和一颗自由的心灵才是我们最大的幸福。

稻　盛　所谓的心灵自由，其实就是指无所执著。

濑户内　非常正确。要想消除我们心中的烦恼，就不能成天想要这个、想要那个，也不能讨厌这人，嫌弃那人。

稻　盛　但如果只是简单地说"幸福就是心灵的自由"，大概会让很多人产生误解，以为幸福就是随心所欲，完全按照每个人的喜好行事。寂听女士所说的心灵自由并没有这么狭隘，而是要让我们的心灵从烦恼的束缚中解脱出来。

我想寂听女士与我相同的一点就是，我们都专注于当下，而非已逝的过去和遥远的未来。相较于未来，我更注重如何在当下做好自己认为正确的事情。如果我们过于纠结于未来，只会为其所困，永远不可能获得心灵的自由。

濑户内　是这样的。没人知道未来究竟会怎样，就像我们现在虽然坐在这里，可是下一秒可能就会有什么东西突然从天上掉下来一样（笑）。对于未来我们无能为力，同时，为已经过去的事情闷闷不乐、耿耿于怀也没有意义。

过去就让它过去，现在再想如何弥补也无济于事。因此我们只有认认真真地活在当下。

稻　盛　是啊，就算现在经济再不景气，我们也没有空暇发牢骚、鸣不平。大家都很艰难，所以我们才更应该拼命努力。不管是如何恶劣的时代，都同样是天无绝人之路。

濑户内　对！在现在这种形势下，我们就不能再对工作挑肥拣瘦、斤斤计较了。

稻　盛　我想要告诉大家的就是，我们必须全力以赴地活在当下。我认为，为了克服经济萧条所带来的困难，大家就必须更加珍惜当下。只要拼一口气活下去，就一定能够找到走出困境的出口。如果我们总是为将来所困扰的话，要么会因为看不到出路而放弃努力，要么难以做到全力以赴，而这都是我们必须竭力避免的。

刻薄待人只会令自己受苦

稻　盛　就像我前面指出过的，我发现现在的人都易怒刻薄，难以保持平稳的心态，这也是导致世道混乱的至因。事实上，最近我也在不知不觉中变得有些焦灼，这让我深刻感受到了刻薄焦躁的危害性。

濑户内　是一件什么样的事情呢？

稻　盛　一次我和一位政治家吃饭闲聊。那位政治家很是八面玲珑，想法也不少，言谈间提出希望我这样的经济界人士给予他更多的协助。听了他的话，我回答道："你虽然嘴上说得很好听，但是你又不愿意得罪任何人，如果都像你这样左右逢源、观点含混不清，又怎么能得到别人的帮助呢？"并且我进一步批驳他道："如果你不能基于崇高的使命感，坚定自己的方针，不畏人言、坚决向前的话，我们也无法帮助你。""你提出这么多过分的要求令我很为难，你这也太自以为是了吧。"原本应该担起天下重任的政治家却如此草率肤浅，缺乏见识，为此感到愤慨的我实在是无法抑制住心中的怒火，忍不住端起酒杯大口痛饮起来，并将心中的怒火发泄到了那位政治家头上。吃完饭深夜回到家，躺在床上，我的胸口……

濑户内 是不是胸中仍然气愤得翻江倒海？

稻　盛 这倒没有，并不是气愤，而是一种极其不愉快的"郁闷"的感觉。

这件事让我意识到，当我们粗暴地对待他人时，自己的内心也会随之失去平衡。那些由于各种原因对人生气发怒、厌烦厌恶、口不择言，难以维持平稳心态的人想必经常会产生我所体会到的那种烦闷情绪。现在不管是青少年，还是成年人，实在是有太多的人无法让自己的内心保持平静和祥和。

所以我们还是应该如同佛祖释迦牟尼所教诲的那样，怀抱体谅、感恩之心待人处世——是的，我们必须改变自己的内心，不管别人说我们傻也好、蠢也好，都不要呵斥对方，不要诋毁对方，永远保持感恩和宽容的胸怀，这样至少我们自己的内心能够保持平静。我感到这是非常重要的。随着年纪的增长，我的这种感触也在与日俱增。

不管是在公司里，还是在家中，有不少人都难以做到友善待人，内心每天都缺乏平静，这些人实在是太可悲了。我想要劝导大家，我们应该遵从释迦牟尼佛的教导，每天都以感恩之心生活。

濑户内　您可是越来越像佛陀了（笑）。

稻　盛　这可不是在开玩笑，我是真心这么认为的。正是由于意识到了这一点，我才使自己得到了救赎。并且我认为，每一个人的意识的转变或许将拯救我们的世界。

濑户内　要想做到这一点，关键还是在于我们能否具备前面说到过的，理解、体谅他人的想象力。

稻　盛　是的，一个总在讽刺责骂别人的人，是不可能有时间去体谅他人的。正如您所说的，我也感到现在有太多的人不具备这种想象力。

释迦牟尼佛所说的"布施"等便是一种体谅。释迦牟尼佛把"布施"放在了"六波罗蜜"修行的第一位，这也显示出释迦牟尼佛对于体谅他人的重视。体谅他人是一种与试图通过贬低对手赢得竞争、或者一心想要排除对手的对立思维截然相反的理念，这种理念要求我们一视同仁地关爱体贴那些即使与我们毫无瓜葛的陌生人。

濑户内　所以我总是反复强调"想象力即体谅"，而体谅也正是所谓的爱。因此一般人都把爱与恋当作一回事，可是佛教理念却把爱细分为了"渴爱"和"慈悲"。

所谓的渴爱就是渴望爱，可以认为是男女之间的爱恋，也可以称作是伴随着性行为的爱。这属于不为奉献、但求获得的爱。所以恋爱中的人总会要求对方"再多爱我一些"（笑）。这种爱就跟焦渴一样永远都在期盼着得到。与渴爱相反，慈悲则完全是一种只求给予、不图回报的爱。

正是因为这样，所以渴爱就好比如果我给了你十分的爱，便会要求你连本带利回报我十二分的爱。这就让我感到很奇怪，在这个连银行都不支付利息的时代，我们却需要为爱支付利息（笑）。与这种需要支付利息的爱形成鲜明对照，佛陀的爱则是只有给予。我认为这才是真正的体贴和关怀，然而要想做到这点，就需要我们拥有足够的想象力去感受对方的痛苦、悲伤，感受对方的心情。

"母爱"是释迦牟尼佛"慈悲"的典范

稻　盛　脾气暴躁的孩子越来越多，也是当今日本社会存在着的一个重要问题。之所以这种现象会日益泛滥，同样是因为这些孩子的"心"出现了问题，这也表明我们需要从小就对孩子们进行感恩和体贴的教育。

并且与这个社会问题存在着关联性的就是日本的少子化现象。日本的儿童数量正在不断减少，越来越多的夫妇即便组成了家庭也不愿意生育后代，对于近年来出现的这种倾向，不知道寂听女士您是怎么看待的。

濑户内　我小时候，小学一个班大约会有五十名学生，而且有四个班。可是现在却有很多小学由于学生人数减少而不得不关闭，我当年的母校现在同样面临关闭的结局，看到这一切不由令我意识到，一个没有孩童的国家是不可能有未来的。

并且近年来，越来越多的夫妻过着无性生活，真不知道他们是怎么想的（笑），为何那么愉悦的事情他们却不愿意去做呢？这绝不是正常的现象，除了那些由于身体原因无法生育的夫妇之外，许多夫妇都是以诸如"抚养小孩子太花钱"、"更希望把钱花在自己身上"、"为了事业挤不出时间来生育小孩"等各种理由来为自己不愿生育后代找借口。

在这些不愿意生养孩子的夫妇中，甚至有人从哲学高度找理由，说他们不愿生育的原因是不愿意把可怜的孩子生到这个万恶的世界中来。但是我认为他们全都错了。从女性的立场来看，唯一一个只有女性具备、而男人绝无可能的能力就是生孩子了。所以我认为女人还是应该拥有这样的经历，因此我认为女人不必勉强凑合着结婚，但还是可以生孩子的。

生孩子不单单是为了传宗接代，增加劳动力。事实上，作为人父人母，这也是一个让我们自身获得成长的绝佳机会，培养孩子其实也是在培养我们自身。

稻　盛　确实是这样。女性通过生孩子成为母亲，就必须给予孩子无偿的"母爱"，而"母爱"则与寂听女士刚才所说的男女之间的"渴爱"截然相反，完全只是付出的"慈悲"之爱。

仅就这一点而言，或许不愿意生孩子也是导致日本社会愈加扭曲的一个重要原因。因为一旦有了孩子，父母就必须责无旁贷地基于无偿之爱养育自己的后代。哪怕只有一次这种经历，也能够让我们自身作为一个人获得巨大的成长。现在一提到少子化，大家都会联系到对国家经济实力和劳动力的影响。事实上我们也不能忽略少子化对社会所产生的潜移默化的负面影响。

濑户内　就以我自身为例，虽然我生过一个女儿，但却没有养育过她。在女儿四岁时，我和前夫离了婚，然后就一直与我的女儿分开，没能亲自抚育她长大。也正是因此，却更加令我感到养育子女的重要性。也就说，正是因为我自己失去了养育女儿的机会，才更加痛感自己应该亲手把女儿抚养大。

当年在我那个时代，离婚的女人是不被允许把孩子带出前夫家的，加之我那时也实在是没有抚养女儿的经济实力。但是现在情况却发生了变化，前不久我去参加了一个由大约十名职业女性出席的聚会，当我询问她们中有几个人离过婚时，没想到全都举起了手（笑），她们当中甚至有人表示已经离过两次婚了。当我再询问她们孩子都是跟谁时，结果都是由她们亲自抚养，没有一个人抛下了自己的孩子。也就是说，对现在的女性而言，把孩子丢给前夫抚养是完全不能接受的事情，那些职业女性的选择让我心中感到非常惭愧。但不管怎么说，幸运的是我至少生育过一个孩子。

不依靠政府的子女津贴，要凭自己的力量养育孩子

濑户内 民主党在日本上台执政后，推出了所谓的"子女津贴"福利政策。结果由于政府财力不足，所以这项津贴

从来没有全额支付过，大概又得走回老路子去。我从一开始就认为这项福利政策有问题。事实上，当父母打算生孩子时，应该有凭借自身的力量养育孩子的自信，而不是随心所欲、草草率率地生着玩（笑）。

在我母亲的时代，著名的桑格夫人（1883—1966，美国计划生育运动的倡导者）曾经访问过日本，她的理念曾经深深地赢得了日本社会的共鸣。我的母亲虽然没有受过任何教育，但是却完全接受了桑格夫人提倡的节制生育的主张。也就是说，父母如果欠缺给孩子提供有效教育的自信的话，那就不要去生孩子。生一两个孩子倒也没有什么问题，可是如果接二连三地生个不停，把整个家庭拖入贫困之中，孩子们都无法上学的话，那还不如不生。因此不管日本的少子化现象如何严重，我都认为政府根本就没有必要提供什么"子女津贴"。对于这个问题，稻盛先生您是怎么看的？

稻　盛　关于当前日本社会少子化的背景，人们大都归结为经济和财力上的原因。因此在少子化现象日益严重的状况下，我认为民主党制定的"子女津贴"会起到两个作用。

首先，从鼓励生育的角度来看，"子女津贴"很有必要。再就是，由于有了"子女津贴"，这就为女性生育后代提供了便利的条件。还有，就像您前面所指出的，女性只有亲自当一回母亲才能真正理解什么是爱，明白为了孩子母亲需要付出无偿的爱。

正是由于现代社会中人与人之间缺乏爱，我们的这个社会才会变得如此荒唐和混乱，因此"子女津贴"不仅可以应对少子化现象，同时也为女性提供了更多的机会，让她们能够切身体会到作为母亲的无偿大爱。而这对于创建一个充满慈爱和关怀的社会也具有重要意义。所以我认为就算有人是为了能够领到子女津贴才下决心生孩子，这也没什么不好的。

濑户内　可是我认为还是会有人滥用这项津贴来赚钱，比如就有人盘算着通过收养小孩来发财，事实上不是已经有人因为这种伎俩而被逮捕了吗？

总而言之，我希望人们在决定依靠自己的力量抚养子女后再生育后代。如果政府真有那么多钱来提供"子女津贴"，还不如用这些钱来完善托儿所等设施，帮助母亲们更加安心地工作，我认为这才是政府应该做的事情。

稻　盛　是的，政府在这些方面也应该倾注更多的力量。

濑户内　如果政府不去做这些事情，而只是把钱给出去，现在的母亲们却不一定会把这笔钱花在子女身上，搞不好都拿去赌掉了。一直到初中为止，政府每个月会向每个孩子支付一万三千日元，可是没人知道这些钱到底是怎么花掉了。

稻　盛　但是以法国为例。虽然法国也一直存在着少子化的问题，然而在政府制定了完善彻底的应对措施之后，近年来法国的出生率不是开始回升了吗？

濑户内　您的话让我想起了在我还是小学生的时候，法国也曾有一段时期儿童数量持续下降的。当时就有人提出随着法国人口的不断下降，这个国家不会再有未来。

稻　盛　法国的确出现过儿童数量持续减少的时期。之所以后来儿童数量重新开始增加，是因为法国政府决定对私生子，也就是没有正式结婚男女所生的孩子一视同仁，即和其他孩子一样给予相同的政府援助。或许这正如寂听女士所说的，人们就算不结婚也应该生小孩。

濑户内　男女之间的爱恋是会发生变化的。刚开始无论怎样地如胶似漆，这种热情大概也就只会持续两年（笑），所以是靠不住的。如果男女之间能够维持几十年的感情，最终也不过是"友爱"罢了（笑）。

稻　盛　法国人在男女关系上似乎没有什么清规戒律，男欢女爱甚至对于政治家来说也不是什么丑闻。所以法国儿童数量出现增长趋势，或许和你提到的这点也有关联。

濑户内　上世纪六十年代，波伏娃（1905—1980，法国女作家，哲学家萨特的情侣）与萨特一道来日本访问。当时我们这些女作家为她举办了欢迎会，没想到波伏娃一到会场坐下就说："我这次来日本是学习堕胎的自由的。"当时日本对于堕胎手术管的很松，而法国却非常严格。波伏娃主张"不生育的自由"，她认为女人如果连自己都活不下去了，那么一旦怀孕就必须把孩子生下来的做法是完全错误的，因此她来日本学习。我们大家原本是想倾听她对于文学的见解，结果被她的这番话吓了一跳（笑）。

稻　盛　把话题转一下，当我们提到男人的责任时，最近日本流行草食男（*意指柔弱、腼腆、过于敏感、害怕受伤、在男女关系上比较消极内向的男性。——译者注*）的说法，寂听女士，您有没有觉得现在的男人正在变得越来越软弱，越来越靠不住？

濑户内　我刚好就喜欢靠不住的男人（笑）。反正这样的女人也不缺，所以没有什么好担心的。

稻　盛　寂听女士说的或许是真心话（笑）。可是为什么现在的男人变成这个样子呢？所谓男人，作为一种动物，原本应该具备雄性的本能。可是近些年以来，日本的男人却被很不正常地分为了草食类和肉食类。总之，由于生活过于富足，从小受到父母的溺爱，才导致现在的男人们失去了雄性的本能。并且听说现在的年轻人很讨厌和他人沟通和交流，这实在是让我感到难以理解。

濑户内 所以我才会觉得不管是男人还是女人，多积累些恋爱和生育的经验其实是非常重要的。

"为何不能杀人"这样的问题根本就不需要理由

濑户内 在日本青少年中，欺凌弱小的现象一直无法得到有效杜绝，我们经常会在电视新闻报道里看到青少年由于不堪凌辱而自杀。在我们小时候，子女杀害父母的事情简直是天方夜谭，小孩子接二连三选择自杀的事情更是想都不敢想。看到这些事情，我便不由得感到当前的教育出了大问题。

稻　盛 现在的教育确实是问题重重。当前日本教育的问题主要就在于，二战后的日本一直都注重培养青少年的自主性，强调激发青少年的自主性学习，并试图排除针对青少年的强制性学习。

或许会有很多人认为我的观点过于保守而愤怒，但是我认为父母和老师必须要通过严格的教育使孩子懂得什么是对与错，也就是判断善恶的基准。虽然我们是人类，但我们终究是一种动物，如果没有人认真教导的话，光靠青少年自身的悟性是很难明白判断是非善恶的基准的。当然，也许通过自身的成长，再加上一定程度的社会经验，也有可能获得这种能力，但这就需要相当程度的时间和经验的积累。

在没有妥善教会孩子们区分善恶的前提下，过于重视培养青少年自主性的教育最终使他们在搞不清为人处世的基本底线，无法区分是非善恶的情况下就长大成人，我认为这也是导致当今社会产生极端乱象的一个重要原因。

此外，在日本的战后教育当中，还有一点没有切实做到。那就是应该让孩子明白"诸行无常"是这个世界的基本特征。也就是说，这个世界是多变的，安稳的时代不会一直持续下去，我们既会遇到经济低迷的时代，也会经历找不到工作、对自己的未来感到绝望的时代。关于家庭也是一样，会出现各种各样的问题。子女和父母之间有时会发生冲突，夫妻也有可能分居或离婚，父母的生意也有可能破产倒闭。总之，任何事情都有可能发生。我们必须让孩子们明白，这就是我们的世界，这就是我们的人生，但是不管在任何情况下，我们都要勇敢地走下去，这也是我们作为人的职责。

那些没接受过这种教育的孩子稍微遇到不顺心的事就会

马上产生挫折感，并把自己的生命当作自己的个人所有物，要么自杀、要么自闭。总之，他们认为选择怎样的人生是他们自己的事情。然而事实却并非如此。"诸行无常"，世间事永远都在千变万化，很少会顺我们的心意，可是不管人生有多苦，我们都必须顽强地活下去，这是我们作为一个人所应具备的基本条件，这不是什么理论问题，不需要任何理由。我觉得正是由于没能把这些道理好好地教给我们的孩子，所以现在的日本才出现各种各样的悲剧。

濑户内　尽管您说"不需要理由"，但是现代人却很难理解这句话。现在这个时代，人们不管做什么事都要先找个理由。可是多么冠冕堂皇的理由，在"诸行无常"面前都会显得虚弱无力，终将被冲刷得一干二净。

稻　盛　有一次我受某个政治家团体的邀请去做演讲，到了提问时间时，我被问到这样一个问题："有几个年轻人被小孩子问及'为什么杀人是不对的'。那些年轻人不知该如何回答这个问题，于是绞尽脑汁找了个理由解释说，牛和猪是食材，是为了让人能够生存下去的食物，所以杀牛杀猪是没有问题的。可是人不能吃人，所以杀人是不对的。请问，您对这种解释有什么看法？"我被如此蠢不可及的解释给气得怒火冲天。

这些年轻人个个都是高学历，头脑聪明，因此才会认为不找个理由就没法说服那些小孩子。可是这种问题哪里需要什么理由。不能杀人这根本就是天经地义的事情嘛！

濑户内 按照佛教的说法就是"杀生戒"，也就是"不可杀戮"。无论是普通人应该遵守的"五戒"，还是出家僧侣所必须遵守的"十戒"，都把"不杀生"作为第一戒律，这是一个极其重要的大原则（五戒分别是不杀生、不偷盗、不邪淫、不妄语、不饮酒。十戒则还要加上不涂饰香鬘、不歌舞观听、不坐高广大床、不非时食、不蓄金银宝物）。

应该让孩子面对"家人的离世"

濑户内 在释迦牟尼佛的时代，人们必须在田地里耕作来谋生。耕田种地就必须除虫，由于有"不杀生"的戒律，僧侣们便无法从事农田耕作。然而在那个时代，不种地就无以为生。而如果选择行商的话就必须赚取商品差价，为了获利有时候不得不说谎，这又违背了"不妄语"的戒律，所以出家人也不能做生意。

不能务农，又无法经商，于是僧侣们就只能去认真思考活着的意义了。而普通人虽然与出家人不同，尽可以去过随性的生活，但却没有空闲去思考活着的意义。为了感谢出家人代为自己思考这些重要的问题，于是普通人就会向寺院赠送食物和衣服，这就是布施，并以此供养僧侣。

所以虽然出家人不能因为自己想要食用而宰杀动物，但是他人布施的已宰杀的动物还是可以吃的。在受到别人的邀请时，应邀赴约并吃荤同样是可以的。但是对于不得杀生，佛教的态度一贯非常明确，这是一个不需要任何理由的重要原则。

稻　盛　是啊，现在的孩子们没有被好好教育如何正确判断是非善恶。事实上，这些理念必须强制性地让他们从小就铭记于心。可是当年按照放任自流的自主性教育培养出来的那一代现在都已长大成人，为人父母了。

濑户内　尤其是现在的母亲们，似乎都不太可能严格要求自己的孩子去区分善恶了。以前的人大都是和老人们住在一起，即便母亲忙于各种事务，老人们也会代父母教育家中的小孩子。

可现在的问题却是，家里不再有老人存在，这就使得小孩子们没有机会切实体会并真正理解到随着年纪的增加，人都会衰老，并最终死亡。打开电视，在一个节目中明明已经被谋害身亡的人，却在另外一个频道的节目中活蹦乱跳。这就导致小孩子们对于死亡没有什么概念。

正如圣路加国际医院的日野原重明大夫所指出的，我们应该让孩子们在家中见证亲人的离世。虽然现在很少有人会在家里去世，不过最好还是让孩子能有机会见证死亡，并把他们带到火葬场，目睹遗体火化的过程。

稲　盛　我小时候就曾有过目睹死去亲戚惨白遗容的经历。那是我还在读小学时的事情了，有一天，当我正准备去上学时，却被大人叫住，让我去向死去的亲戚告别。当大人们打开棺材让我看一下死者时，我一下子就被吓得大哭起来。现在想来，当时的那种体验其实对我非常重要。

瀬户内　不亲眼目睹是没有办法真正认识死亡，并对人会死去这件事产生清晰的概念的，当然更不会认真对待生命了。所以我们最好还是让小孩子认识并了解死亡。

稲　盛　总而言之，必须让人们从小就知道如何区分最基本的是非善恶，并懂得遵循这些基本原则是天经地义的事情，不需要任何理由。这些既是本性之所在，也是我们祖先最初所推行的最根本的教育。而现在，我们到了必须回归原点的时候了。

第五章

"利他"的实践

人为何"劳动"

——通过"利他奉献"提高心性

就业冰河期、公司裁员、过劳死……

现代社会围绕着"工作"，

出现了各种各样的问题。

然而，劳动原本是人活在世上的根本，

是幸福的源泉。

两位对谈者在这里指出，只有"为了他人"的劳动，

才能够提高我们的心性，升华我们的人性。

只要全身心投入，再厌恶的工作也终会产生热情

稻　盛　当前日本社会面临着众多难题，其中就包括了"就业冰河期"这种现象，也就是年轻人无法找到自己理想的工作。即使战胜了千军万马，好不容易过了就业独木桥，找到了工作，却很快又辞职不干了。所以我认为我们有必要重新思考一下"工作"的意义。

以我本人为例，当我二十七岁创业时，可不像现在的创业者那样能够获得各种优惠政策的支持。当年我是在迫不得已，并得到了不少人的支持鼓励下才决定创业的。但是现在想来，当年的艰苦创业恰恰证明了我是一个非常幸运的人。

反观现在，只要拥有自己的技术和开发能力，创业者想要多少风投资金都没有问题，并且创业公司也不需要多久就能上市。然而当年我要是这样顺利的话，说不定也就成了堀江贵文和村上世彰那样的人物了（堀江贵文和村上世彰都是日本近年来显赫一时的金融新贵，他们通过操纵股市，弄虚

作假获取暴利，最终都因真相暴露而身败名裂。——译者注）。假如当年我也像他们那样，在众人的追捧声中开始创业的话，想必也不可能会有今日的成就，大概也会和他们一样，先是当个暴发户，然后又马上陨落，京瓷这家公司也早就成了别人的囊中之物。少年得志很容易让人忘乎所以。

我当年是在走投无路的情况下，只能依靠自己的能力创办京瓷，并且还不能让它随便垮掉。对我而言，创业之始只能前进没有退路。当然，面临巨大压力的也并非只有我一个，在我当年的那家穷工厂里，所有员工都不得不全力以赴，拼命奋斗。但是现在看来，我们最终还是获得了非常好的结果。

虽然当时条件很艰难，我们却并不讨厌自己的工作。如果我们对自己所从事的工作心怀厌倦，就绝不可能有好结果。但是目前社会的情况却似乎是，人们在厌烦自己的工作的同时，又不得不用心去做。其实我们对于自己所从事的工作，即便刚开始时不满意，只要我们全身心投入进去，心态最终是能够改变的，可以热爱上自己的工作，甚至为它着迷。人们不是常常说"爱能够超越一切距离"嘛？对于这个说法，热恋中的男女绝对能够感同身受，其实工作也是同样的道理。

濑户内 从稻盛先生口中说出这种话，令人总觉得有些意外（笑）。

稻　盛　我可不是想要当恋爱专家（笑）。我只是相信，我们应该对自己的工作和自己的生活方式充满热爱。比如"3K工种"（特指繁重、肮脏、危险的工作，这三个词在日语中的发音都是以罗马字母K开头，所以称之为3K工种。——译者注），当我们准备从事这些工作时，首先必须对这些工作产生热爱，如此一来，就能够全身心地投入进去。不管是任何工作，只要我们全身心地投入，必将获得成功。

濑户内　反过来说，不热爱自己工作的人是不可能获得成功的。如果对自己的工作满心厌烦，最终只能是一无所获。所以当我们把自己所从事的工作视为唯一的选择时，自然会对工作产生爱意，感受到积极的一面。

稻　盛　说到这里让我想起了童年时的事情。小的时候我们家开了家印刷厂，因为母亲工作很忙，所以吃完饭后就让我负责洗碗。当时我还在读小学，玩心很重，于是就撒谎说："今天我很忙，要写家庭作业。"可是母亲仍然不依不饶，"那么你洗完碗再去学习好了"。我实在是没有办法，只好心不甘情不愿地走到厨房洗起碗来，结果却不小心把碗给打破了，被大人骂了个半死。几十年后再回想起来，这不正说明了我们不可能把自己讨厌的工作做好吗？（笑）反正我那一次实在是得不偿失。

我还想起了另外一件往事。同样是读小学的时候，一次母亲准备晚饭时发现做酱汤的豆腐没有了，于是给我钱让我去买豆腐。那个时候鹿儿岛人用的是一种专门的"豆腐篮"，这种竹编的篮子能够让水漏走，母亲就让我提着豆腐篮去买豆腐。因为我正玩得兴起却被叫去做事，所以在去豆腐店的路上心里很不痛快，嘴里嘟嘟囔囔抱怨个不停。买到豆腐后把豆腐随便往豆腐篮里一扔便往回走。等回到家才发现，篮子里的豆腐已经是七零八乱了（笑）。结果我又挨了一顿痛骂。本来是想好好做的，可是完全没有做好。

濑户内　甚至连豆腐都没法好好买回来（笑）。

稻　盛　总之，正如寂听女士所说的，不管是工作还是其他事情，一颗厌烦的心是无法做好的。

以忘掉自己年龄的热情沉浸于工作中

濑户内　如果我们每一个人都能为了生活去努力工作的话，社会经济也必然会随之繁荣。可是，战后的日本社会最失败的一点就是，我们在这条路上走过了头，陷入了拜金主义的泥沼之中，成了一个以金钱为中心的社会。很多企业家一心只图赚钱，根本不知道自己为何而工作。他们无法像稻盛先生这样，做一个既能为世人行尽善事，又能同时获取利润的经营者。

稻　盛　没有没有，很多企业家都要比我更加优秀。我只不过是工作太忙，没空去做坏事罢了。因为我从事的是制造业，所以不得不废寝忘食地扑在工作上，实在是没有空暇去游手好闲、为非作歹，所以才得以走过一条还算正确的人生道路。

不过，通过废寝忘食的工作，我最终认识到的，也是我一直都在强调的一点，就是"工作"能够起到修炼心性、净化灵魂的作用。

我们都是凡人，所以不管是谁，心中都会同时存在着邪恶与善良这两个部分。所谓邪恶心其实就是释迦牟尼佛所说的烦恼"三毒"，即贪、嗔、痴。而善良心则指的是充满爱、利他以及体谅的心。这两部分在我们心中往往是相互纠结交织在一起的，当我们全身心地投入到工作之中时，就没有时间去玩耍享乐，自然也就不会给"三毒"，也就是内心丑恶的那部分提供作恶的机会。如此一来，我们的内心中不就只剩下善良的那一部分了吗？

濑户内　稻盛先生，您有过婚外情吗？

稻　盛　寂听女士，咱们最好还是别提这个话题了好吗（笑）？

濑户内　那好吧。既然稻盛先生能够为了工作让自己连做坏事的闲暇都没有，看来您的确很热爱自己的工作。

稻　盛　虽然事实如此，不过我也不是从一开始就是这样的。总而言之，我们必须努力让自己学会去热爱自己的工作。工作这种事情，刚开始时基本上每个人都是迫不得已。但是不喜欢的事情终究无法持久，所以我们必须首先做到热爱自己的工作，才能够走得更好、更远。

濑户内　这也能让我们的工作变得更有乐趣。

稻　盛　对呀，工作也会因此充满乐趣。

濑户内　就以我本人为例，我是从一开始就想要写小说，这个念头从未动摇过。就连这次因为腰痛卧病在床，不能行动的时候我也同样在琢磨着如何继续写我的小说。正是因为热爱自己的工作，所以我和稻盛先生一样，一直都是非常忙碌。

有时候连我自己也奇怪为什么会这么忙，于是就向身边的工作人员感叹道："等我老了，一定要找机会闲下来作作

画，写写字。"结果大家都莫名其妙地看着我说："您说什么？等到您老了?"（笑）

稻 盛 还真是这样呢（笑）！

濑户内 身边的工作人员都笑话我道："庵主您不已经是老年人了嘛。"并且还不止这一个笑话。生病期间，我不是先后在病床上躺了半年的时间嘛，躺在病床上实在是百无聊赖，结果不经意间突然发现自己的双手长满了皱纹，于是我又对身边的工作人员说："不好了，我怎么像九十岁的老太太一样到处都是皱纹了?"结果她们回我道："您可不就是九十岁的老太太嘛。"

稻 盛 这可真是个好段子（笑）。

濑户内 我可以说是忙得连自己的年纪都忘掉了，不过这也正说明了我对自己工作的热爱。

废寝忘食的工作，可以匹敌出家人的修行

稻 盛 随着自己年龄的增长，我逐渐对二宫尊德

（1787—1856，日本江户时代的农政家和思想家，他出生寒门，通过亲身示范振兴了众多荒废的村落。——译者注）的书产生了兴趣。以前很多学校的校园里都会有二宫尊德身背柴草的铜像，在阅读二宫尊德著作的过程中，我不由地意识到普通人工作其实与出家人的修行有着异曲同工的效果。

二宫尊德出身贫寒，连书都读不起，可是他在从早到晚辛勤劳动的同时还勤奋学习，并最终得到了德川幕府的重用。二宫尊德全身心地投入到工作之中，从而使自己的心性得到了升华。劳动原本就有修炼心性、净化灵魂的效果。因此，工作其实与出家人修行或者冥想具有相同的作用。

濑户内 工作确实会有这种效果。

稻　盛 刚才寂听女士提到了拜金主义。现在人工作都是为了赚钱，所以当他们获取到一定程度钱财后，就开始想着如何享乐了。或者认为，不从早到晚工作便难以维持生计，因而牢骚满腹。事实上，如果我们能够摒弃这些愚蠢的想法，转换思维，积极地把工作视为上苍为了使我们的心灵得到升华才提供给我们的机会的话，那么全力以赴投身工作不仅能使我们的内心得到升华，同时也可以让我们的工作取得成果，让我们的收入也得到相应的增加。

尤其是作为企业经营者，如果真的想要把自己的公司办好,就必须先让自身的心性得到提高,这也是我对那些来盛和塾学习的中小企业经营者们花了最多工夫宣讲的理念。如果我们办企业的目的只是为了让自己的家族,或者企业的老板发财,那么无论给员工发多优厚的工资也没办法使他们全身心地投入到工作中。如果企业经营者不能切实认识到员工都是因为缘分才来到自己的公司,自己有义务确保他们的幸福的话,那么员工是不可能努力工作的。换句话说,假如经营者不能使自己的心灵得到升华,并由此产生以员工为重的"利他"精神和"爱",反而完全基于拜金主义理念,一心只求自己发大财的话,是绝对不可能把企业办好的。我一直努力想要告诉大家的就是:"如果你能让自己的心灵变得更加高尚,那么你的经营管理也会随之变得更加顺畅。"

濑户内 真的会变得越来越好吗?

稻 盛 一定会的!可是当企业的经营状况越来越好,企业获利日趋丰厚的时候,企业经营者往往又会不愿为获取的利润缴纳大笔税金,于是开始想方设法逃避纳税,最终导致企业的经营走下坡路。并且经营者在赚到钱后,往往会开始贪图享乐,这就会导致好不容易步入正轨的企业重新走上弯路。

常言说,"小人闲居为不善",但是即便在闲暇的时候,我们也万万不可胡作非为。所以我们应该把能够没日没夜的工作，看作是一件非常幸运的事情，当然也应避免容易导致过劳死的过度辛劳。可是不管怎么说，能够有一份工作，并为了他人劳动，实在是人生中值得庆幸的一件事情。

为什么会在"七十八岁"时"无偿"担任日航会长

濑户内 这一次与稻盛先生久别重逢，我有一件事情非常想请教稻盛先生，您为什么会在现在这把年纪还接任日航会长的职务？去年我听说稻盛先生接任日航会长时，还大吃一惊，以为自己听错了。我认为您接受日航这副担子会吃足苦头，一点儿好处都没有。

稻 盛 不管是家人还是朋友，所有与我关系亲近的人都像您这样劝过我。没有一位亲友赞成我接手日航这个烫手山芋，他们认为这会让我晚节不保，认为我愚蠢透顶。

濑户内 我倒不觉得你愚蠢，只是觉得这个担子会让您非常辛苦，如此繁重的工作搞不好会让您得上脑出血，甚至

"过劳死"。

稻　盛　我也曾认为这个担子过于沉重，几次都予以拒绝。我当年创办了京瓷集团，后来创建了以通信为主业的 **KDDI** 公司。但是对于航空业，我完全是个门外汉，所以从一开始我就认为自己无法挑起这个重担。

当时担任日本首相的鸠山由纪夫先生曾亲自来征询我的意见，他说日航已经破产，希望能够由我来挑起重建日航的重担。刚好那个时候，京都出生的前原诚司先生正在担任日本的国土交通大臣，前原先生也对我说："大家商量的结果，能够重建日航的领导者除了您别无他人。"对于这些请求，我都以自己不熟悉航空业为由加以回绝了，可是他们依然很执著地三番五次来试图说服我。

甚至在那期间，为了重建已经破产的日航，由律师和会计师组成的日航财产监管团的人士也不断来拜访我，希望我能成为重建日航的核心，但是我依然坚持没有松口。当时自己已经年逾七十八岁，是将要进入耄耋之年的人了，和周围人商量后，亲友们也都是非常反对。然而不管我如何拒绝，要我出任日航会长的请求仍然是络绎不绝。

濑户内　那么您后来为何改变主意了呢？

稻　盛　我最终同意这个请求的理由一共有三点。

　　首先，我担心如果日航垮掉，会给日本经济带来严重的负面影响。日本经济原本就已经是弱不禁风，如果在这个时候，像日航这样的大企业突然垮掉的话，必然会给日本经济带来严重冲击。反过来讲，如果日航能够渡过难关，重新振作的话，则有可能给日本经济整体的复苏带来良性的影响。

　　其次，虽然重建日航不得不解雇一部分员工，但是如果能够成功拯救日航的话，则能保证余下员工的就业。我认为在现在这样一个就业难的时代，在社会失业人数不断攀升的情况下，如果我们能够确保像日航这样拥有众多关联企业的大公司的员工就业稳定的话，那么对于整个日本社会都将具有极其重要的意义。

　　最后一个理由就是，日航一旦倒闭，日本就会只剩下全日空一家航空公司。任何行业，一家垄断绝对不符合社会大众的利益。只有通过相互竞争，才能保证消费者获得优质的服务。总之，在资本主义社会中，原则上企业间保持公正合理的竞争属于最理想状态。垄断必然会导致各种各样的弊端，因此日航的倒闭对全社会而言绝对不是一件好事情。

　　正是基于以上三个理由，我才会在自认为超出了自己能力所及的情况下，最终同意接手这副重担。

　　濑户内　稻盛先生的这个决定实在是太伟大了，完完全全是为了世人、为了社会。

稻 盛 说是这么说，可我身边的人却对我的这个决定表露出各自不同的担忧和意见。有的人觉得我贸然接过这个重担，最终只会把自己的身体拖垮。也有人担心我接任后一周要在东京待上至少五天，会没有时间处理京都这边的事务。所以现在说起来还是很不好意思，当时我也提出："虽然你们让我来出任日航的会长，可毕竟我年事已高，所以每周只能工作三天。当然一周只工作三天有点不妥当，所以工资我就不要了，我愿意无偿从事这份工作。"其实我这么做，是希望他们不要给我过大的压力，也是为了给自己留点后路（笑）。

可是在我到日航上任后才发现，事情完全不是我所想象的那么简单……

使公司改变的不是"技术"，而是员工的"心"

稻 盛 当我第一次去日航时，这简直不像是一家已经破产的公司，所有人都是一派悠然自得的样子，仅仅是这副光景就已经让我感到十分愕然。日航的员工大都拥有大公司员工的强烈优越感，因为这是一家代表着日本的航空公司，所以即使公司经营已经陷入了困境，日航的员工们也没有多少公司可能会消失的危机感。

事实上，尽管日航已经破产，但是航线依然在正常运营，日航班机每天都继续在天空中飞行。尽管这全都是日本政府花费国民缴纳的税金才保证了日航的继续运营，但是由于日航的各项工作仍然在照旧进行，所以员工便难以切身认识到公司已经破产的事实。虽然导致日航破产的高级管理层成员已经全部引咎辞职，但是取而代之的全都是被提拔起来填补空缺的日航中层干部，而这些新的公司管理者的理念和工作态度与以前毫无二致。不要说重建，日航上下甚至感受不到一点儿改变旧思维的念头。所以一开始时，我实在是非常郁闷，感觉自己接了一个烫手山芋。

濑户内　大企业不全都是这样嘛，所以当初我就认为，即便是稻盛先生出手也没法让日航得到拯救。

稻　盛　日航之所以会破产，正是由于这些毫无危机意识的人遍布公司管理层的缘故。所以刚开始时，我常常会在会议上痛斥这些干部。我每天都会严厉斥责日航干部们，告诉他们完全是由于他们的不作为，才导致了日航的陨落，如果他们再不认真反省、改弦更张的话，那么日航的重建必定是天方夜谭。

与此同时，国外的管理咨询公司也频繁来日航拜访，希望我们把重建日航的工作交给他们来执行。这些外国管理咨询公司向我们展示许多他们以前成功的案例，并反复强调他们深谙重建破产企业的各种技巧，当然，为此我们需要向这些管理咨询公司支付几亿、甚至几十亿日元的巨额费用。可是日航当时完全依靠银行和破产重组援助机构的资助才得以维持运营，所以我认为就算是为了拯救日航，也不应该这样去花钱。

并且我在聆听那些国外管理咨询公司的介绍的过程中，发现他们纯粹是基于技术的角度来思考日航的重建问题的。而我却认为日航之所以会破产，是由于日航从高级管理层一直到基层员工错误的思维理念。所以要想让日航得到真正的改变，必须首先从这个地方入手。只学会一些扩大销售、降低成本技巧的话，只会使公司业绩出现暂时性的好转，最终仍会旧态重现，再蹈覆辙。所以当时我就认定，日航的重振必须从人心开始。

首先，我把所有员工召集到一起，质问他们道：日航已经破产，现在的日航是一家业已垮台的公司，你们大家是否真正意识到了这一点？要是按照正常情况，你们早就已经失去饭碗，流落街头了。但是由于这种状况并没有发生，所以你们才没有意识到情况的严重性。现在是因为日航得到了日本政府、破产重组机构以及银行的援助，大家才能够保住现在的这份工作，但是这种状况不可能永远持续下去。从现在开始，我们大家必须依靠自己的力量来拯救日航，所以你们首先需要转变意识。

接下来，我告诉日航员工们，京瓷之所以能够从一家作坊工厂做起，通过与其他大企业的竞争，一路发展至今，最终成长为世界型的大企业，归根结底是因为不管是京瓷的员工，还是我自己，都具备了能够规范、导引、激励我们自身奋力向前的思想或者说哲学。反观日航，却从来不曾有过这些东西。所以我要求日航全体员工怀着谦虚的心态学习和掌握这些思想与哲学，并且我从日航干部的意识改革开始迈出了第一步。日航的中高层干部全都是从东京大学这样的一流大学毕业的优秀人才，和日本中央政府一样，在他们进入日航的第一天就已经进入了掌握公司经营的精英团队。可是他们对公司的一线工作却一无所知，大都是一直待在公司的策划部门或者公司总部完善个人履历，一路升迁到了今天的职位。事实上，在和他们谈话的过程当中，我能够感觉到他们外表谦恭、内心傲慢的态度。

濑户内 这一点我完全能想象得出来（笑）。

稻 盛 是的，虽然他们个个都文质彬彬，智商超群，但是他们对于基层员工的辛劳却一无所知，从来没有在工作一线埋头苦干的经历，只会颐指气使地使唤手下员工和下属关联企业，做一些只需要动动脑子的事情。在与这样一些公司管理干部进行了交谈后，我对他们失去了信心，决定从他们身上开始动刀子。

濑户内 要是这样的话，一周只工作三天可是不行的哟（笑）。

稻 盛 您说得没错。并且我也遇到了来自日航管理层的强大阻力。这些干部早已习惯了悠然自得的日子，绝对无法容忍改变现状，所以是竭尽所能想要阻止一切变化的发生。

消除精英意识壁垒的"一千日元会费"的联谊会

濑户内　我认为人性中最丑恶的部分就是"歧视"。不管是肤色差异、还是血统地位的高低，所有的这些歧视全都是源自于"利己"动机，也就是认为自身要更加优越的意识。精英意识其实与歧视是一个道理，都是非常顽固的东西。所以要想消除日航内部的精英意识绝对是一项非常困难的工作。

稻　盛　确实如您所说的这样，所以我只能情真意切地努力说服他们。我首先从"人性"开始说起，告诉日航的各级管理者们，如果干部无法赢得日航留下来的三万两千名员工的认同，并让他们心甘情愿地进行配合的话，日航的重振将会是一件不可能的任务。为此，我反复告诫日航的管理层，必须谦虚为怀、放下身段，向手下员工敞开心扉，真诚相待。

并且为了做到这一点，我还把自己最基本的经营哲学教给他们。我告诫日航的干部们，在一个组织中，如果身处上位者缺乏高尚的人格，不懂正确的做人原则，是绝对不可能赢得他人的追随的。但是在日航这些精英干部看来，我只不过是一个靠小公司起家的土老板，一个只上过三流大学的老头子而已。并且我翻来覆去强调的也尽是些简单得不能再简单的，父母用来教育小孩子的初级道德伦理观而已，所以刚开始时他们对我所说的话完全是不以为然的态度。在听我讲话时，从他们脸上的表情就能够看得出来，他们恨不得立刻站起来大声告诉我："别再拿这些哄小孩子的话来忽悠我们了！我们好歹也是受过这个国家最高等教育的人！（笑）"可是我丝毫没有退缩地注视着他们的脸，日复一日地坚持宣讲我的理念。一个月又一个月过去了，这些精英干部脸上的表情开始逐渐发生了变化，私下里也会找来我年轻时候对京瓷员工演讲的旧录像带，自发性地开始学习我的经营哲学理念。我想要传递的理念终于一步步地浸透到他们的心中。

从那时起，每当我和日航干部沟通完毕后，就会提议大家一块儿喝一杯。可是公司已经破产，没有这方面的经费，于是我自掏腰包，从便利店买来罐装啤酒与大家一起分享（笑）。

濑户内 你们是在公司里举办这样的饮酒会？

稻 盛 是的。每次会议结束后，大家算在一起总共有五十人左右，都拿着啤酒罐开始闲聊。一次，这些精英干部中最有学识的，也是一开始态度最傲慢的那个人看着我的眼睛对我说："会长，实在是很不好意思，当您刚开始讲那些似乎是用来教育小孩子的道理时，我还以为自己早就知道了。可是一直听下来才发现，自己其实根本就没有真正明白过这些道理。虽然小时候父母、老师确实教过同样的理念，但是踏入社会后，随着年龄的增长，地位的提升，心里逐渐开始觉得这些天经地义的道理与自己不再有什么关系了。但是经您指出后我才醒悟到，自己的心灵根本就没有得到过成长，假如我们能够早些听到会长的那些话，想必我们的人生将会是另外一个样子，日航也不会破产。您的这些思想和哲学实在是太重要了，我打算明天回到公司后，就向手下两百名员工宣讲同样的道理。"正是通过这种方式，我得以将意识改革在日航内部逐步推展开来。

濑户内　不管怎么说，好像现在已经很少会有老板把手下员工召集到一起举办饮酒会了。

稻　盛　事实上不光是白天，晚上我们也会举办饮酒会哟（笑）。晚上六点钟开始的会议，在经过滔滔不绝的热烈讨论后，在八点左右时，我们就要开始喝啤酒了。现在基本上会收取普通干部一千日元，董事会成员两千日元的会费，然后从便利店买来罐装啤酒和干果。在饮酒会上，有时他们会向我倾诉心中的烦恼和困惑，这时我也会为他们提供相应的建议。

随着这种会议不断进行，公司的业绩也在蒸蒸日上。

只要一名员工"觉醒"，便能够唤醒更多的身边人

濑户内 稻盛先生从事的其实就是心灵的教育。

稻 盛 是啊，我认为不管是公司的破产，还是重生，都完全取决于企业上下成员的心态。需要大家有振作精神、鼓起勇气奋勇向前，拯救公司于危亡之中的坚定意志。并且不只是公司的高级管理干部，包括基层员工在内的所有工作人员都必须具备这种态度。如果在此之上，还能融入关怀与柔情的话，那就无异于如虎添翼。我亲赴日航的基层一线，四处向日航员工们宣讲这些理念。

濑户内 您是亲自去向基层的维修工和空姐们宣讲这些理念吗？

稻　盛　是的，我曾经亲临日航的维修工厂，一边斥责他们拥有精良的设备却依然牢骚不断，一边又把以上这些道理说给他们听。

至于日航的那些空姐，因为她们大都容貌出众，自然也就比较高傲，在服务客人时，往往认为只需按照员工手册上的规定做就行了。所以我亲自去拜托她们，一定要真心诚意地与客人打交道。在接待飞机上的乘客时，空姐的态度即使再好，如果只按照员工手册上的要求办事，缺乏真心的话，那么就不会有真正的意义。

不过由于空乘人员人数众多，大家每天都要在天上飞很长的时间，因此我不可能把她们全都召集到一起开会。所以就找来四五十名空姐，把我向她们的发言以录像的形式记录下来，好让所有空乘人员都能在飞完航班后观看。结果，还有空姐在看录像时因为自己几乎把这些重要道理忘了个一干二净而痛哭流涕。空姐们反省道：确实如我所指出的，一直都以为工作时只需要照章办事就足够了。她们中还有人表示，通过观看录像，自己终于醒悟了。只要有一个人觉醒，就能够影响身边的其他同事，并让整个组织不断发生改变。最终，大家群策群力，通过努力，把职场变得越来越好。

濑户内　也就是说，这些员工开始懂得用自己的脑袋进行认真思考了。

　　稻　盛　甚至连一些细节我也一一教给了空姐们。例如机舱销售，在我们这些从事制造业的人看来，机舱实在是一个极佳的销售环境。乘客到飞机降落为止，可以一直在封闭的空间中仔细浏览商品目录，选购商品。所以我提醒空姐们，如果能把品质上乘、价格合理的商品集中到一起推销的话，机舱销售的业绩必然会显著提升。我的建议令空姐们兴趣大增，开始在机舱销售上倾注更大的努力。

　　如果我们不仅仅为了营业额，而是精打细算地向乘客提供可以赢得他们愉悦的服务的话，便足以确保公司的利润。正是由于日航一直以来只按照自己内部制定的规章制度对待客人，完全没有从乘客的角度着想，所以才会把本来不错的生意搞砸。

　　在经过日航每一位员工的精诚努力后，就像一开始我告诉您的，今年（2011年）三月底决算时，日航实现了有史以来最高的——一千八百亿日元的利润。

商业决策也应该以"为人之道"为基本原则

濑户内　这么说，日航已经走出困境了是吗？

稻　盛　目前还没有。航空业是一个非常复杂的行业，一个事故就有可能产生严重的后果，所以让人一刻也不敢掉以轻心。并且我觉得，在从事这个行业时，与计较公司暂时的得失相比，先弄清楚什么是为人之道要更加重要。

事实上，在我刚接手日航会长时，日航恰好面临着一个重大抉择。当今世界各地的航空公司分成了好几个组织，各国航空公司在各自归属的组织内进行着紧密的合作，航空业界把这种组织称为航空联盟。日航一直以来都是与美国的美利坚航空公司携手合作。可是日本政府，也就是日本的国土交通省要求我们终止与美航的联盟关系，转而与达美航空结盟。据说达美航空为了与日航结盟，同意向我们提供大笔的资金，这样就可以减轻我们的重建财政负担。日航内部也有大约九成的意见认为，放弃美航，转而与达美航空结盟是大势所趋。正是在这个时刻，我走马上任了。

当我还在向日航干部了解情况的时候，得知日本政府意图的美航会长亲自飞到日本，希望能够继续维持与日航的联盟关系。可是尽管美航方面向我表达了这个意愿，但不管是日本政府还是日航内部，基本上已经决定要和达美航空结盟，所以这就让我感到非常棘手。

经过认真思考，我终于搞清楚了，达美航空就算不与日航结盟，它在太平洋航线上仍然极具优势。如果日航抛弃美航，改与达美航空结盟的话，美航就会陷入孤立无援的境地，它在太平洋航线的实力也将受到严重削弱。所以美航的会长才会带着所有高管专门飞来，想挽留住我们之间的结盟关系。于是我召集了日航全体高管专门开会研讨这个问题。的确，如果仅从公司的利益得失来看，达美航空是最佳选择，日本政府也倾向于这个选择。但是，如果从做人的角度来看，这么做真的妥当吗？

我向日航的董事会提出疑问："我们现在的合作方并没有任何过错，仅仅因为我们自身的利益，为了得到资金更加雄厚的公司的帮助就喜新厌旧、弃之而去，这种做法是否正确？并且，如果因为我们的这种行为导致与我们有着长期合作关系的伙伴陷入困境，这种做法难道真的恰当吗？"尽管我在航空业里是一个门外汉，懂得很少，但是我从做人的角度，希望日航全体董事对于变更合作伙伴的计划重新思考，并且我会尊重和同意他们最终做出的决定。我告诉他们，这项经营决策的最终责任全部都由我来承担，所以我再给他们十天时间，要他们放下包袱，只管按照他们自己的真实想法重新讨论这个决定并得出结论。

结果在最终会议上，有半数以上的与会者认为，"在经过深思熟虑之后，还是应该继续维持与美航的关系"。如果仅仅从商业利益的角度考虑，那么日航当然应该选择达美航空，可是如果从做人的道理进行思考的话，还是应该继续维持与美航的关系。于是，日航内部与达美航空合作的声音也就从此销声匿迹了。

当我把这个决定通知美航管理层时，他们欣喜若狂，并盛情邀请我抽空去位于得克萨斯州达拉斯市的美航总部访问。可是由于公司决算和大地震的影响，我一直无法脱身，最后拖到了今年五月才得以成行。当我抵达美航总部时，受到了盛大欢迎。美航人员告诉我说："原本我们还在考虑似乎没有必要再继续支持已经破产的日航，但是在了解到您的理念之后，我们也改变了原来的想法。"事实上，多年以来，日航会把各部门员工送到美航接受培训，所以美航自然也就产生了"后进的日本航空公司是我们教育出来的"感觉,然而经过这次的事情,反而让美航的人产生了"日航同样让我们深受教育"的感触。

不过能让对方产生这种感触,最主要的原因还是因为日航已经发生了翻天覆地的变化。尽管日航曾经一度破产,但是在经过一年的重建努力后,居然实现了一千八百亿日元的盈利。与之相反,现在美航却陷入了赤字的困境,所以他们反过来希望向我们学习如何重建公司。

濑户内　看来所有这一切,归根结底还是"心"的问题。

稻　盛　就是这么回事。并不是靠什么经营技巧,日航得以重建的关键,就在于三万两千名员工的意识和观念发生了转变。

员工们不再盲从员工手册,开始学会在工作中开动脑筋

濑户内　刚才您说导致公司垮台的是人的心态,仅就这

一次的福岛核电站事故，以及东京电力在事故发生后的应对来看，东京电力公司从上到下员工的心态确实存在着很大的问题。稻盛先生对这一次东京电力的做法有什么评价？

稻 盛　虽然福岛核电站灾难是一件极其不幸的事故，但是每当像这样意料之外的事故发生时，相关企业的经营者就会显得狼狈不堪。通过这次核电站事故的新闻报道，广大日本民众才终于得知，日本一共有九家电力公司，如果把冲绳电力也包括进来的话就是十家，而这些电力公司全部都是垄断经营。从发电到送电，这些电力公司把持了所在地域的所有电力业务，在这个行业里根本就没有竞争可言。

电力行业虽然是由日本经济产业省管辖，但是因为没有竞争，电价就由电力公司各种成本叠加来决定。虽然宣称核电站的发电成本比其他类型电站的发电成本低，可是不单是修建核电站的巨额成本，同时也包括维持公共关系的开销，还有电力公司主管们的优厚薪酬，遍布各地的豪华员工公寓和疗养设施所产生的所有费用都被加到了电价上，民众和企业无法拒绝，不得不为电力公司分摊这些费用，而这种体制从明治时代开始就一直没有改变过。要想在电力公司这样贪图安逸享受的企业组织内部推行具有紧迫感的经营手法实在是难上加难。

瀬户内　在这次核电站事故中，这些弊端所造成的恶果终于暴露了出来。

稻盛　或许正是由于电力公司平时就习惯封闭，尽量不让民众知道更多的缘故，当这次的紧急事态发生后，相关电力公司的主管们一下子就懵了，像没头苍蝇一样完全不知所措。

瀬户内　所以说人要是太傲慢了是一定会遭报应的。虽然日航由于稻盛先生的原因改变了很多，但是，当年可是非常的不可一世呢（笑）。

稻盛　实际上我也有同感（笑）。前阵子，就因为我在发表演讲时说了句"从前我也很讨厌日航"，结果被新闻媒体大幅报道。我亲眼目睹过日航员工趾高气扬、盛气凌人的样子，事实上就有乘客因为不满日航员工的态度而选择了其他航空公司。我之所以在演讲中那么说，完全是为了强调日航现在已经发生了巨大的转变，可是新闻媒体却只渲染我"讨厌日航"，这给我带来了极大的困扰。

瀬户内　事实上，日航现在的客户评价已经有了显著的提升。三月份大地震的时候，我听说日航在第一时间就向灾区增开了临时航班。

稻盛　是这样的。仙台机场由于紧邻海岸，结果遭到大海啸的袭击，跑道被海水淹没而无法使用，于是我们在地震第二天就向替代仙台机场的山形机场派出了临时航班。并且在我和日航社长发出这项指示之前，下面的员工就已经预料到了，主动展开了开设临时航班的各项准备工作。当时灾区的东北新干线停止了运行，公路也完全瘫痪，人员和物资近乎停顿，因此我们的到来获得了各方的衷心感谢。

在仙台机场的日航员工也在灾难发生时有杰出的表现。当时在机场的客人们都逃到了候机楼的二三楼躲避海啸，根本无法离开机场。我们的员工四处奔波，收集机场商店的面包等物资分发给受困客人，还把自己的毛毯拿出来给小孩和老人避寒，事后我们收到了客人们寄来的如雪片般的感谢信。

"为了客人"，"为了需要帮助的人"，"竭尽所能，全力以赴"，正是基于这些强烈意念，日航员工们上下一心，出色地完成了工作，对此，我感到由衷的自豪。

然而与此同时，由于震灾，国外来日旅客人数急剧萎缩，日本国内航线的上座率也一时间受到了严重的影响。不过由于在地震发生前，我们已经建立起了由相关负责人仔细检查论证各航线盈利率的制度，所以我们得以迅速且顺畅地削减了相关航线，重新调整了航线班次。能够做到这点，我认为同样是得益于日航的每一位员工能够做到不盲从员工手册，或坐等上级指示，而是主动开动脑筋采取行动。

现在，我们需要尽可能地削减支出，等候客户需求的复苏，所以认真细致的应对措施就显得更加重要。

濑户内 这可真不像是一家一年前刚刚宣布破产的公司呢。

稻　盛 所以，正如我从一开始就在反复诉说的，虽然日航在一年前宣告破产，但从那一刻起，日航就重新振作起来了，一路走到了今天。当下正深受震灾打击的幸存者们也同样应该振作起来。尽管痛苦的程度和复兴的艰巨性截然不同，但是振作的过程应该没有太大的差别。为了实现灾区的复兴，当然需要政府带头制定复兴计划，制定预算，筹措资金，拿出各种各样的应对办法。然而比这些更加重要的却是人们的勇气和心态，我认为这才是灾区复兴的关键。

对于日航的重振，我的一个结论就是，虽然结果和数据很重要，但是起到关键性作用的却是日航员工对服务顾客的意义有了崭新的认识，并最终下定决心，依靠自己的力量做出改变。

濑户内 如此看来，最终还是要依靠坚定的决心。是否能够鼓起坚定的勇气才是关键之所在。

第六章

生死之间

关于"天寿"与"来世"

——如何与"生老病死"这四苦打交道

任何出生到这个世界的生物都终将迎来死亡。

在经历了疾病、衰老后，

又会不可避免地走向死亡。

这样的"生老病死"，就是佛教所说的"四苦"，

也是人类烦恼的根源。

如何才能安静祥和地走向死亡？

两位对话者的智慧已将答案解明。

正是因为"诸行无常",所以灾后日本将会迎来好运

稻 盛 在我们这场对话刚开始时,寂听女士指出这是一个充满了痛苦、悲伤和矛盾的世界。佛祖释迦牟尼说过"这个人世就是苦难"。寂听女士自己也是在震灾发生前的半年间,一直因为腰痛吃尽了苦头。

濑户内 最初我简直是痛不欲生,以为自己大限已至。但是我从来没有想到过死,认为自己不会就这么离世。并且这次给我看病的医生是一位神医——他什么都没有给我做(笑)。这位医生只是给我做了个核磁共振,然后就告诉我肯定是脊椎压迫性骨折,只需要静心安养半年时间就可以康复。结果当大地震发生时,我受到"核震撼",恰好如医生所说的,就刚好在半年的时候康复了。我经常爱说"诸行无常",自己的身体也是这样。所以不管是好事还是坏事都不可能一直持续下去,万事万物永远都在不断变化。

当我们的身体在很长一段时间里都保持着健康状态时,

就必须警惕"这种状态不可能一直持续下去，接下来肯定身体什么地方会出问题"。反之，在我们厄运连连时，就应该告诉自己，接下来该轮到好事发生了。当我们跌入谷底时，接下来就只可能是往上攀升了。

看看日本发生的事情不正是这样吗？就在日本经济陷入长期萧条，看不到希望的时候，又发生了以日本东北地区为中心的大震灾，整个状况堪称是一场国难。可是当人们因此陷入悲观中时，三年前曾经落选的平泉中尊寺却被承认为世界文化遗产。中尊寺还是我出家的寺院，我感觉到双重的快乐。东北这座寺院的价值能够得到国际的承认，实在是一件值得自豪的事情。接下来，日本女子足球队"NadeshikoJapan"又打败美国，登上了世界第一的宝座。当我们得知这些正面的好消息时，心中总算是松了口气。

稻　盛　是的，并且据说美国女子足球队的实力绝对要强于日本队。事实上我们也看得出来，美国队员不管是体格还是技术都胜日本队员一筹。但是小个子的日本队员们直到最后一刻都在奋力奔跑，决不放弃，并最终赢得了比赛。她们坚定的决心、永不言败的姿态，都为灾区的日本民众做出了杰出的表率。

濑户内　虽然她们在接下来的伦敦奥运会上输掉了比赛，

但这都已经不重要了。她们已经用行动告诉了我们，即便看起来如何高不可攀的梦想，只要永不放弃，执著追求，就一定会美梦成真。

只要我们能够这样去做，一切都可以得到改变。

就像我本人一样，本来也有可能因为腰痛难愈，最后就这么死去。这就叫诸行无常，皆无定数。可是如果当时真的死了，就不需要忍受腰痛折磨了，这岂不是更加轻松？俗话说，祸福如同搓在一起的两条绳子。祸福不会永恒不变，永远都在交错而行。

"年纪越大活得越辛苦……"——过于长寿的日本人

濑户内　日本虽被称为长寿天堂，不过老年人最好还是不要活得太长。当然，虽然说是这么说，我自己却活了这么久（笑）。我总觉得日本的老年人实在是有些过于长寿。不管我们年纪多大，最好应该能够做到生活自理。如果自己的起居都需要依赖年轻人照料，生命完全依靠医生来维持的话，这种生活就值得我们三思了。其实人活到九十岁就已经会很不耐烦了（笑）。当然我相信，像稻盛先生这样才七十八九岁的人还是想要再多活一些年头的。

目前，日本的老年人护理成了个大问题。由于现在的人都很长寿，所以不得不依赖他人的护理照料，可是依靠家人护理老人又很不方便，所以只能把老人送进专门的养老机构。结果老人一旦被送进养老院，家人也就从此撒手不管。那些无人问津的老人们实在是太可怜了。我是觉得，如果一个人老到连来探望的子女都不认得的话，那就太没意思了。

稻　盛　说到这个话题，我和太太在家里看电视时，经常会看到关于老人看护的节目，同样会产生长寿也是一种悲剧的感觉。于是我们就相互揶揄道："你可不能死在我前面！""不行！请你一定要活得比我更长一些。（笑）"年纪大了怎么办确实是一个严峻的问题，并且不仅仅是个人的问题，因为政府也不得不为此花费大笔资金，所以现在这成为了一个全社会必须面临的大问题。

濑户内　现在的人在找工作时，老年人看护是个热门职业，因为只要能找到这样的工作，就等于端上了铁饭碗，所以现在选择老年人看护专业的学生是越来越多。当然，老年人看护确实是一个大问题，社会对此的需求也是不争的事实。

但是从事老年人看护工作的人与日俱增，社会提供各种各样的便利条件使人能够更加长寿的做法却值得我们深思。当然，我们也绝不可能像日本古时候的风俗那样，把老人背到山里抛弃，指望着老人快点死掉。可是对老人而言，长寿不一定意味着幸福。随着年龄的增长，我们会逐渐年老体衰，活得越来越痛苦，所以我觉得人活到差不多的岁数就足够了。

稻 盛 健康非常重要，长寿也是可喜可贺的，但确实如寂听女士所说的那样，仅仅长寿却并不一定是好事。

我们每一个人的寿命与我们是否幸福其实并没有太大关系。尽管对于寿命这种东西我自己也不是非常清楚，但是我相信我们能活多少岁是命中已经注定的，所以长寿不见得就好。现实中我们可以看到许多人虽然长寿，但是却活得非常悲惨。因此，我们想方设法追求的不应该是长寿，而是让自己在人生的最后的一刻能够拥有一颗安详平静的心。

当我们年纪越来越大，感受到死神靠近时，便会把"自身健康"与"长寿"作为自己的人生目的。可是当我们一旦将"自身健康"当作了人生目的，便会就此变得"利己"，凡事只求对自己有利。

濑户内 社会必须要有人劳动。当人衰老到只能卧床不起，什么都没法做，只能在医院里像小鸟一样被喂食糊状的流质食物时，这样子实在是太可怜了，就像是行尸走肉。

稻　盛　我在大约十五年前做过胃癌手术。手术前我和妻子商量好，先做手术试试看，如果术后无法自主进食的话，那就让我死掉算了。我们讲好，如果我不能自己进食了，就没有必要在我身体上插满各种管子和机器，进行复杂的生命延长治疗。最终，我在切除了三分之二的胃出院后，就去出家修行了。后来我的身体也渐渐得以康复，一直活到了今天。

濑户内　我也觉得都这把年纪了，实在是没有必要再花钱做什么延命治疗（笑），所以我也签署了生前预嘱（living will，指由当事人签署的，当本人陷入在医学上诊断为不可治愈的伤病末期时，不再接受延长生命的医疗护理，寻求有尊严死亡的指示文件）。签署这种生前预嘱，一个人的花费是二千日元，夫妇共同签署的话只需要三千日元，也花不了几个钱。

我甚至连到时候怎么死都已经决定好了。活着的时候我就好好活，一旦死期将临，我就开始断食。断食能够让人在最后一下子就断气，简单易行，不吃饭就行了。

像我这么精神头十足，老是说些怪话招人讨厌的人，肯定会让周围人嫌弃（笑）。所以我一定要在人们还会为我的去世感到惋惜的时候就断气（笑）。

不生重病安然离世的人是因为"受到了眷顾"

濑户内　稻盛先生您现在每天事务繁重，操劳不已，您的健康和身体扛得住吗？

稻　盛　自接手日航的工作以来，有太多的事情需要费心费力，经常生气发火，精神压力骤增。所以最近又重新抽起了已经戒了很长时间的香烟（苦笑）。

前面已经跟您说过，最初本来说好我一周只到日航工作三天，结果却一直都过着周一离开京都，平日全都泡在东京，只有周末才回京都家的生活。每次回到家都是疲惫不堪，感到自己已经接近体力透支的极限了……

回到家后，当我重新拿起香烟时，我太太吃了一惊，她问我道："你怎么又开始抽烟了？"我只能回答她道："与其因为精神压力死掉，还不如因为抽烟而死。"妻子似乎能够理解我的苦衷，所以现在我一抽烟，她就会把烟灰缸递过来（笑）。不过幸运的是，最近我倒是没得过什么大病。

濑户内　这一定是因为您得到了神灵和佛主的保佑。稻盛先生从事的事业没有一项是为了自己。当然您也早过了热衷于赚钱发大财的时候了，因为您已经赚够了（笑）。您之所以无偿担任日航会长，完全是为了社会，为了众生，像您这样的人理所当然会得到神佛的保佑。

稻　盛　或许真的是这样，经寂听女士这么一说，我感到自己真的是受到了佛祖的特别眷顾（笑）。

濑户内　当我因为腰痛而感到非常不自在时，我的助手们就对我说："庵主，您一直都在奔波操劳，一定是观音菩萨觉得您现在需要稍微休息一下了，才让您生这个病。所以您应该抓住这个机会，好好养一养身体。"这话让我觉得很有道理，不过再一想又有些懊恼，就脱口说道："观音菩萨，如果真是这样的话，麻烦您可不可以找个不那么痛的病来让我休息呢？"（笑），"干嘛一定要让我这么痛苦啊！（笑）"。不过观音菩萨大概是想，如果不让我腰痛得卧床不起的话，就没法子让我停下来静养。

不过稻盛先生，您身负如此沉重的压力和疲劳，到底在什么时候才可以真正放松下来休息一下呢？是喝酒的时候吗？

稻　盛　不是这样的。现在就算喝酒也往往都在谈公事，所以几乎很少有机会能够通过喝上一杯来让自己放松一下。

真要说放松，就只有睡觉的时候了……

事实上，每当我躺在床上，即将入眠时，嘴里便会发出声音，嘟囔着"妈妈"。说起来实在是有些不好意思，像我都已经年近八十，这把年纪了居然还会这样。但我全都是在不由自主间，下意识地发出"妈妈"的呼唤。大概我是在向已经离世的母亲寻求帮助吧。

濑户内 您口中唤出的这个妈妈不是指您夫人吧？（在日本，"妈妈"也可以作为丈夫对妻子的称唤，如同中国的"孩子妈"。——译者注）

稻 盛 绝对不是（笑）。我就是在呼唤自己的母亲。大概是想要向母亲寻找依靠吧。其实除了一句"妈妈"，再也没有什么别的了。总之，我感觉自己就是在向母亲寻求帮助。

濑户内 如此说来，您一定非常爱您的母亲。

稻 盛 我在家里是最爱向母亲撒娇的孩子。但是我并不是最小的，在七个兄弟姐妹中我排行第二，下面还有很多弟弟妹妹……

就像前面已经提到过的，我父亲在鹿儿岛开了家印刷厂，还雇了一些员工，是一家整天都很繁忙的街道工厂。母亲也和员工们一道在工厂里做事，我还没上小学的时候，成天就跟在母亲后面，抓着母亲和服的下摆不放。母亲总是把我的手打掉，训斥我道："你这孩子，不要捣乱！"但我还是会粘在母亲后面。小时候我可是经常因为过于粘着母亲而挨骂（笑）。

濑户内 您母亲一定很疼您吧。

稻　盛 这倒没有，我下面还有妹妹，说起来挺不好意思的，我小时候可爱撒娇了。

濑户内 我懂了，您的母亲现在一定在保佑着您。我刚才说神佛都在保佑着稻盛先生，其实不仅是他们，您的母亲也在保佑着您呢。

稻　盛 啊，原来是这样。也许真的是这样。

"寂听极乐旅行团"让"死亡之途"不再恐怖

濑户内 听到这样的话，一定会有人产生疑问："死了的人怎么可能保佑活着的人？不管是人还是动物，不是死了就什么都没有了吗？"但是最近我越来越强烈地感觉，人即便肉体消逝了，还是有灵魂会留下来的。绝对不可能死了就彻底烟消云散。

稻　盛　这也是我的观点。实际上如果想一想我们自己，思考一下"仅仅肉体就是我自己吗"。恐怕大家都认为不对。认为自己就是具有大脑的肉体，决定自我的一切要素都能够为科学所解释，这样的观点实在是有些说不通。尽管按照科学理论，肉体由六十万亿个细胞构成，人们是通过脑细胞的活动来进行思考，并左右情感的。不过我还是认为是由于"灵魂"的作用，才使得我们能够从事各种各样的活动。不管怎样都总让人觉得，是灵魂与肉体共同构成了"我"。

佛教有"轮回转世"的说法，这种说法是以肉体虽然消逝，灵魂却依然留存的认识为前提的。正如我们在这场对话中一开始就提到的，这次震灾遇难者的灵魂已经得到了阿弥陀佛的温柔迎接。

对此，我持完全相信的态度。从年轻时候开始我就具有宗教情怀，一直在思考着这个问题。我坚定地认为人类就是由灵魂与肉体汇集一处而构成的。

正是因为具备了这种认识，所以我并不害怕死亡。即便肉体消逝，灵魂仍然会踏上新的旅程，死亡不过如此。

濑户内　我也不害怕死亡。因为我已经皈依佛教，把自己献给了佛陀，所以我无所畏惧。

虽然我不害怕死亡，但是却经常会被人问道："到底有没有地狱?""极乐世界是真实存在的吗?""人死了究竟会怎样?"我的回答都是:"我这个人虽然坏事好事都做过,但是很遗憾,我一次都还没有死过,所以也不太清楚这个事情(笑)。我也不知道是不是真的还有来世的存在。"不过因为我信奉佛教,佛教就建立在来世这个思想的基础之上,因此我会说"来世应该存在吧"。"反正我总会死在你们前面,说不定到那时科学技术会更加发达,那个世界与这个世界能够互通电邮,那就等我死了再用电邮告诉你们真相吧(笑)。"

稻 盛 您可真是幽默啊。

濑户内 不过如果来世要分为极乐世界和地狱的话,那么我和稻盛先生的结局大概会不同,因为我做过太多坏事,所以毫无疑问会堕入地狱。不过这也无所谓,反正我也不想去极乐世界,那种地方肯定非常乏味(笑)。一年四季都繁花似锦,吃穿不愁——待在这种地方又有什么意思。反而是在地狱里候着,每天紧张兮兮地琢磨着今天又是哪个恶鬼来折磨我要有趣得多。

稻 盛 您这想法可不得了(笑)。

濑户内 以前传说在冥界里有一条叫三途川的河,过这条河要靠一条很小的渡船。从前人死了都会被套上白衣,脖子上挂条布袋,布袋里面装着亲人们做的假钱。据说这些假钱是过三途川的船费。不过现今世界人口暴增，每天都会有很多人离世，所以三途川的那条小木船肯定是忙不过来了。所以当我在讲经时说"现在得用渡轮才行"时，顿时使得底下的听众们哄堂大笑。当我紧接着问他们大家："下次咱们组个'寂听极乐旅行团'，各位要不要跟我一起去啊?"结果又引发了一片大笑。所以，那天晚上就算是欢迎晚会了。

稻　盛　如果寂听女士真的能够主办"极乐世界旅行团"和"地狱旅行团"的话，肯定会很有意思（笑）。

濑户内　当时有一位听我讲经的老太太于是来向我咨询："我们家那口子三十年前就去世了，我那个时候还年轻，要是现在参加您的极乐世界旅行团去了那个世界，我的丈夫还能认得出我来吗?"原来老人人担心她丈夫会认错了人跟了别的女人。我安慰她道："在那个世界里，人没有身体，只有灵魂，所以您先生会在第一时间来到您的面前，绝对不会跑到您邻居太太那里去的，所以尽管放心好了。(笑)"

稻　盛　寂听女士关于来世的这番话非常有趣。如果所有人都能拥有您这种气魄的话，那么不仅是在来世，同样在现今这个世界中，我们每一个人的人生，以及整个社会都必然会变得更加美好。

跋

可怕的东日本大地震，以及随之引发的大海啸、福岛核电站事故，从今年（2011 年）春天开始，日本遭到了前所未有的大灾难的袭击。

恰巧我去年年底得了脊椎压迫性骨折，从去年十一月开始的半年间被迫过着卧床不起的养病生活。在病床上，我通过电视看到了大灾难情景，尽管因此感到焦虑不安，可是因为身体无法动弹，所以自己什么都做不了。

到了六月份，我终于可以拄着拐杖慢慢走路了，于是便前往东北灾区抚慰灾民。

当我亲自来到灾区才发现，实际状况要比电视和杂志上报道的更加悲惨。

同时我也感触到了，正是由于众多震灾牺牲者的"代受苦"，我才能过上像现在这样的平稳生活。

就是在这种忙碌纷杂的日子里，我与稻盛和夫先生进行了数次长谈。

要知道，要想从作为企业家，正活跃在日本社会最前线的稻盛先生那里挤出时间，这近乎于奇迹。在繁忙程度上，其实我也不输给稻盛先生。在因病倒下之前，我成天东奔西走，每天都在变换住所。一个年近九十的老太太却如此精神抖擞地整日工作，想必像我这样的人还是不多的。

忙这个字拆开来就是心亡。通过反省自己的忙碌生活，我重新审视了自己的内心，察看自己是否迷失。就在这时，我得以与稻盛先生相约，进行了长时间的无所顾忌的畅谈，这实在是这段日子里最让我感到幸运和喜悦的事情了。

但是由于彼此的时间很难凑到一起，我们的见面简直要比牛郎织女七夕相会还难。

而我们好不容易凑到一块儿所进行的对话的内容，最终汇集成了这本书。

我一直对稻盛先生怀着由衷的尊敬。在稻盛先生的工作态度中毫无自私自利之处，他为了社会大众的利益而勤奋开创的事业全部都结出了累累硕果。并且他还将自己的劳动获利毫无保留地回馈给了社会。

如此洒脱的人实在是少之又少。不管什么时候与稻盛先生谈话，我都能感受到他的开朗豁达。

我至今仍不能忘记当稻盛先生出家后，以一名禅僧的庄严姿态第一次访问寂庵时给我带来的感动。无需询问，我足以理解他选择出家的缘由。之后，稻盛先生以禅为魂，不管遇到任何状况都能堂堂正正，尽到本分。

对于这一次的震灾和核电站事故，我们决不能允许其随着时间的流逝而风化淡忘。我们祈祷灾区民众能够尽早恢复原来的生活，并会为此不惜一切地向他们伸出援手。我祈愿本书能够在这个时候，尽可能地给读者一些微小的启迪。

并衷心祝愿灾区民众一切安康。